日本史に学ぶ一流の気くばり

Learning from Japanese history : Drawing on insightful considerations of the past

加《か》来《く》耕《こう》三《ぞう》

Kouzou Kaku

CROSSMEDIA PUBLISHING

はじめに

日本史に学ぶ——といわれてもなァ……、いったい何の役に立つのだ、という声をよく耳にします。

なるほど、年号や人物名などの固有名詞を暗記しても、それが一人ひとりの〝未来〟を生きていく参考になるとは、到底思えない、というのも無理はありません。

では、次の課題について読者《あなた》はどう考えますか。

このまま人工知能（ＡＩ）が発達して行けば、数年後には、われわれ人間の生活は劇的な変化＝パラダイムシフトを迎えます。

シンギュラリティー（技術的特異点）によって、人工知能を搭載した高度な処理性能を持った機械が出現し、拡大したとき、人々の職場はどうなるでしょうか。やがて、多くの人々は職場を奪われてゆく（？）。

さて、読者は近々、確実にやってくるこの事態に、どう対応しますか。

ほぼすべての人々が、マイナスと捉えるこの課題について、歴史学は真逆の、プラスになる答えを導き出すことのできる、有効なヒントを満載しています。

歴史の興亡は人体のメカニズムと同じなのです。生まれて成長し、壮年期を迎え、やがて衰亡します。

この流れに、時代も国も個人も組織も変わりはありません。歴史はくり返すのです。シンギュラリティーも、実はくり返してきたのです。

同じような現象が、形をかえて幾度も、過去に存在しました。

たとえば明治五年（一八七二）、新橋から横浜まで最初に走って開業となった蒸気機関車＝鉄道は、シンギュラリティーとして出現。またたくまに、日本中に鉄道網を敷きつめ、日本人の生活様式を一変してしまいました。

なにしろ、それまでの日本人は、歩くか駕籠《かご》に乗るか、馬にまたがるか、が陸上移動の手段でした。船で海や川を移動することを加えても、これら以外の交通手段を持っていませんでした。

駕籠舁《か》きや駄賃馬稼《だちんうまかせぎ》（馬子《まご》）で生計を立てていた人々――途中、人力車というのも登場しましたが、その人力車夫も含め――は、仕事を鉄道に奪われてしまいました。北前船《きたまえぶね》に代表されていた、商い船によるルートセールスも、鉄道に取って代わられてしまいます。

歴史に学ぼうとしない人は、このあたりで適当に納得してしまい、かわいそうに、明日はわが身か、と思い込みます。

しかし、史実は違いました。詳細にみると、北前船を運航していた海の富豪たちは、鉄道敷設が始まると、これに投資し、鉄道会社の運営に参加していました。しかも彼らは、移動スピードがあがったことによって生まれた、ビジネスの効率にも注目しています。

短期間に誕生した全国の鉄道網は、人と物をこれまでになかった遠くへ、早く、大量に運びます。広がった沿線に紡績工場を建設し、そこで働く人々の雇用を生み出し、町をつくり、食堂ができ、それまでの手工業を大型化することによって、これまでになかった多くのビジネスチャンスを生み出すことにつながりました。

働き方改革が提唱される中、われわれは人工知能に、もとの仕事、職場を奪われるかもしれませんが、同時に、これまでになかった新しい市場が間違いなく誕生することを、歴史は教えています。

明治初年の日本人は、およそ三千三百万人でした。現在はおよそ一億二千六百万人です。約四倍となっています。

明治になるまで、剣術・柔術・槍術・弓術（弓道）・相撲・泳法しかなかったプロスポーツに類するものが、今や合気道・空手・レスリング・ボクシング・野球・サッカー・テニス・ゴルフ・ラグビー・マラソンと、枚挙に遑《いとま》がないほど増えています。

人々の働く時間が短縮されれば、新たなスポーツも現れ、競技人口が増大すれば、当然、そこにサービスのための雇用が、新たに生まれます。

シンギュラリティーによって登場した――たとえば、人工知能――は、それまで働いていた人間の賃金分を生み出すわけですから、新しく創造された職場において、新たな仕事についた分だけ、ＧＤＰの付加価値はあがるはずです。

マイナスが、プラスを生み出すのです。付加価値をあげるところに、新しいビジネスチャンスは必ず出現します。

これは人口が減少しても、変わることがありません。歴史はそのことを雄弁に語っているのですが、多くの人々はこの真相を歴史に学ぼうとしません。

パラダイムシフトを迎えるにあたり、より重要なことがあります。

原理・原則――俳聖・松尾芭蕉《ばしょう》の言葉を借りれば、〝不易流行《ふえきりゅうこう》〟の〝不易〟です。シンギュラリティーが生み出すビジネスチャンスが〝流行〟ならば、いかなる時代、国、人間にあっても変わることのない不変の道理＝〝不易〟があります。

たとえば、人間関係＝コミュニケーションです。これは人間が二人以上いるかぎり必要なものであり、人間が生きていくうえできわめて重要な問題です。

いかに自らの感性をみがき、知識と教養を高め、付加価値をあげるべく懸命に努力しても、人間関係を上手に保ち、意思や情報の伝達がスムーズに出来なければ、そもそも職場での居心地も悪くなり、結果として仕事を失うことにもなりかねません。

おそらく、人類永遠の課題は、これなのかもしれませんね。

筆者《わたし》は少し前に、「嫉妬」のメカニズムと解決策を、日本史上に求めた著作『日本史はほぼ「嫉妬」で説明がつく』を出版しましたが、嫉妬をかわすにも、「気くばり」こそが一番有効な予防策だと、つくづく悟りました。おかげさまで、同書はロングランがつづいています。

それこそ対人の嫉妬のみならず、本書のキャッチ「歴史は人間関係で九割が決まった」は正しいと思います。

本書は読者の理解を高めていただくべく、友人の作家・佐野裕《ゆたか》氏の質問に、歴史上の人物と事件を筆者が答える口述筆記の形をとりました。

一応の区分の目安を各章立てで設けてみましたが、目次を参照いただいて、読者《あなた》の気持ちが動いた章から、読み始めていただければと思っています。

歴史上の人物の、工夫された一流の気くばりが、かならず読者の参考となるに違いありません。

最後になりましたが、本書を担当いただいたクロスメディア・パブリッシングの坂口雄一朗氏、読者の理解を助けるべく、種々のアドバイスをもらった歴史研究家の井手窪剛氏、岡本あゆ美さんに、この場を借りて感謝申し上げる次第です。

「平成」最後の新春　東京・練馬の羽沢にて

加来耕三

日本史に学ぶ一流の気くばり　もくじ

第二章

こんな上司と仕事がしたい！歴史に学ぶ「理想の上司」とは？

こんな身勝手な上司はイヤだ！

第三章

気づかいができる部下は誰からも愛される

第四章
最高の人間関係が最高のチームをつくる

名将の気くばり、軍師の気づかい　その㊃

第一章

今も昔も、
できる人は
気くばりを
大切にしている

人間関係が、歴史の勝敗を決める——。

筆者《わたし》は、歴史を研究すればするほど、そう確信しています。人間関係なんて、古臭いテーマに聞こえるかもしれません。いまやSNSを使えば、海外の人とも簡単に知り合えますし、コミュニケーションを取ることができる時代です。

私の知り合いの作家は、デジタルツールのみで編集者やクライアントとやりとりして、相手の顔を見ることなく、仕事が終了することも珍しくないといいます。しかし二十一世紀の現在でも、人間関係という悩みは消えることはありません。今も職場の悩みの多くは人間関係であり、転職の理由も人間関係のこじれが一番多いと聞いています。

一 豊臣秀吉は生涯、人の悪口を言わなかった

日本史の世界も同じです。むしろ、日本史にみる人間関係のほうが、昨今より過酷だったといえるかもしれません。

たとえば、戦国時代――イヤな上司（主君）であっても、逆らえば評価や出世、ときには生命《いのち》にかかわりますし、気に入らないヤツだと思われれば、裏切られたり、だまし討ちに遭うことも珍しくありませんでした。

周りとの関係を、つねに良好に保っておかないと、いつ寝首をかかれ、失脚させられるかわかりません。

では、戦国時代の武将や軍師、将兵や農民、商人たちはどうやって、権力者からわが身を守り、周りとうまくやっていたのでしょうか。

――「気くばり」だと思います。

皆さんの近くにもいませんか？　つねに周りに目くばりして、相手の気持ちを盛り上げ、場の空気をいい方向に変えようと努力している人が。こういう人は周囲から信頼を得て、やがて成功していくでしょう。

気くばりの達人を日本の戦国時代に探せば、すぐ思い浮かぶのが豊臣秀吉です。

秀吉は生涯、人の悪口を言いませんでした。家柄もよくなく、なんの後ろ盾もない中で出世していくには、そうするしかなかったことを、彼はよく理解していました。秀吉は、いわば戦災孤児でした。実の父親を尾張（現・愛知県西部）の内戦で失っています。母親は再婚しますが、新しい義父と幼い秀吉は反りが合いません。寺に預けられれば、本堂に火をつけるくらい暴れて、反抗しました。寺を追い出され、最終的には家の金を盗んで、家出を決行します。

時代は乱世です。そんな中、実社会に十代で放り出された少年は、どうやって生きていけばよかったのでしょうか。自分の身一つで生きていくしかない以上、秀吉は誰からも嫌われない道を選ぶしかありませんでした。

「おまえは猿に似ているな」と言われたら、怒るどころか、「ウキキッ」と猿の真似をして応える。「こいつは愛嬌《あいきょう》がある。可愛いヤツだ」と思ってもらうことで、人間関係を築いていったのです。

家臣を呼び捨てにせず、「殿《どの》」と呼んだ徳川家康

秀吉の凄さは、生涯その気くばりの習慣を続けたことです。関白になっても、天下を手中に収めても、愛嬌のある態度を変えませんでした。つねに周りに気をくばり、相手を気持ちよくさせることを考えていました。

秀吉のことを生来、人の気持ちをつかむのがうまかった〝人たらし〟という人がいますが、彼は努力してそうなっていったのだと思います。

「私は社交的な性格ではないから、人と上手くつきあえない」と言う人がいますが、避けているだけでは自ら人間関係を悪くしているようなもので、思っている以上に損をしてしまいます。

では、天下人・徳川家康の場合はどうだったのでしょうか。彼が人生について語った有名な言葉があります。

人の一生は重荷を負《お》うて　遠き道をゆくが如し

いそぐべからず　不自由を常《つね》とおもへば不足なし
こころに望みおこらば　困窮したる時を思い出すべし
堪忍は無事長久の基《もと》
いかりは敵と思へ　勝つことばかり知りて
まくる事を知らざれば　害其身《そのみ》にいたる
おのれを責めて　人をせむるな
及ばざるは過ぎたるよりまされり

信長、秀吉が倒れて、最後に天下人となった家康にふさわしい含蓄のある言葉です。

しかし、家康がもともと忍耐強い人間だったかというと、実像はその真逆でした。すぐにカーッと熱くなり、一度キレたら見境がなくなってしまうほどの、短気な性格だったのです。

事実、家康の家は代々、短気者でした。

彼の祖父である清康《きよやす》、父である広忠《ひろただ》のどちらもが二十代半ばで、同じ死に方をしています。両者とも、家臣に斬り殺されたのです。

彼らはキレると、周囲に人がいようと、相手が重臣であろうとも、一切構わず怒鳴りつけ、罵倒しました。相手の恨みを買って当然の、ふるまいをしていたのです。

家康の長男である信康《のぶやす》は、家康のナンバー2・酒井忠次《ただつぐ》を皆の前で叱りつけ、恥をかかせたことがきっかけで、最後は信長に切腹を命じられてしまいました。

同じ家系である家康も、相当な短気者と考えるのがふつうでしょう。

しかし、彼は家臣を激しく叱り飛ばすこともなく、隠忍《いんにん》自重《じちょう》の性格として知られています。どうして、自分を抑えることができたのか。

家康は、織田家で二年間、今川家で十年間、合わせて十二年もの間を、人質として過ごしました。いつ自分の生命《いのち》が奪われるか知れない不安な日々だったことでしょう。乱世に、小さな大名家に生まれた者の悲哀を、家康は骨の髄《ずい》まで味わったはずです。

徳川家の家臣は、当主の家康が人質に取られているため、今川家の合戦では危険な最前線で戦うことを余儀なくされました。いわば、捨て駒のような使われ方をしたのです。家康は彼らの献身に心を打たれる一方で、己れの非力が歯がゆくて仕方なかったでしょう。

いかに気が短い家康といえど、そうまでして自分に仕えてくれる家臣を、粗雑に扱うことなどできなかったはずです。だからこそ家康は、自分よりも年上の家臣は呼び捨てにせず、「殿《どの》」と敬っていたのです。

家康は裏切った相手ですら許すことができた

桶狭間の戦いで、信長に今川義元が討ち取られ、家康はようやく今川家の支配から脱した、と思ったのもつかの間、今度は信長が台頭してきます。家康は信長と同盟関係を結びますが、実際は対等のパートナーではありませんでした。

その信長が本能寺の変で倒れると、次は力で及ばない秀吉の配下に組み込まれます。内心では、いつになったら自分は自由になれるんだと悩み、腹立たしくもあったでしょう。でも家康は、表面にはまったく、その憤りを示すことはありませんでした。怒りを示せなかったのです。

天下人となっても、家康は自分に才能や器量があったから、最終的に天下を取れたのだ、とは思っていませんでした。

なぜなら、自分には信長のような「大局観」「先見性」はない。秀吉のような人たらしの才覚もない。

それでも、天下が取れたのは日本一《ひのもといち》といわれる家臣団に恵まれたからだ、と。

ではその家臣団がなぜ、家康のもとに集まったのでしょうか。それは、彼が〝寛容〟であり続けたからでした。

家康は生涯、この〝寛容〟を貫きました。人を許すということに関しては、天下一です。自分を裏切った相手ですらも、彼は許しつづけました。

家康の並外れた寛容さを示す例を、次に挙げてみましょう。

前述した通り、家康の長男の信康は信長の命によって切腹させられました。「武田家と内通した」などの罪状によるものです。

その真偽はともかく、いくら織田家が優位とはいえ、同盟関係にある徳川家の嫡男に切腹を命じるのは、信長にすれば大きなリスクを孕《はら》んでいました。

家康が「いくら信長公の命《めい》とはいえ、大事な跡取りに腹を切らせられるか」と叛旗を翻したら、厄介なことになってしまいます。

では、なぜ信長は決断できたのか。カギを握っていたのが、前述の酒井忠次です。

織田信長との関係を悪くすることはできない

信長は、信康の疑惑を知って、まず徳川家のナンバー2である忠次を召喚し、「信康殿に謀叛の動きありと聞くが、いかがか」と詰問していました。本来であれば、徳川家の重大事であり、忠次は必死で釈明に努めなければなりません。

「若殿がそのような、愚かな行為に走るわけがありません。もし万が一、そのような動きがあれば、我らが生命に代えても諫《いさ》めます」と言われたら、信長も無理を通すわけにはいかなかったでしょう。

しかし、忠次は一つ、二つは反論したものの、あげられた罪状を最終的には、「その通りです」と認めてしまったのです。

彼が徳川家への不忠ともいえる態度に出たのは、信康に対して含むところがあったからでした。

譜代の名門であり、重臣の酒井忠次を、信康は周囲の面前で、よく罵倒していました。徳川家の跡取りとはいえ、二十代の若者に無礼な扱いを受ければ、忠次とて腹に据えかねていたのは理解できます。

信康は短気であっても、武田家と内通するような愚か者ではありませんでした。自分の主君が冤罪であることを、忠次は理解していたのです。

しかし、彼の立場からすれば、あのようなキレやすい独善的な若造が、徳川家の当主になったらどうなるか、を憂えていました。家康が引退し、信康の時代になったら、自分の地位も危ういと見越したわけです。

だから、今回の信長の疑惑を好機と見て、信康を嫡男の座から排除しようという叛逆の心が、忠次に芽生えたとしてもおかしくはありません。

戦国武将の鉄則は、「やられる前にやる」なのです。信長に対して「すべておっしゃる通りです」と認めました。これは実質的に、信康の死刑執行の書類に判子《はんこ》を押したようなものです。

信長は確信しました。これで息子の切腹命令に対して、激怒した家康が、自分に刃向ってきても、対処できる〝保険〟を手に入れた、と。

信長「いざという場合は、当てにしているぞ」

忠次「はい、家康公が信長さまの命令を拒否したなら、私が兵を挙げます」

おそらくニヤッと笑って、二人はお互いの顔を見たことでしょう。以心伝心で、アイコンタクトを交わしたはずです。

もし裏切った忠次に対して、家康が攻め掛かったとしても、何日か持ちこたえれば、すぐに信長が援軍にやって来ます。そうすれば、家康は滅んでしまいます。そして、忠次は恩賞として、徳川家の領地を手に入れることになったでしょう。

家康はその流れを、読みました。

絶望を味わったはずです。戦わずして、状況が詰んでしまっているのですから。やぶれかぶれで討ってでても、それは無駄死《むだじに》になってしまいます。

だから、彼は涙を流し、冤罪とわかっている信康に腹を切らせました。家康にとって、わが子を切腹させた事件は、生涯の痛恨事だったことは間違いありません。

凡人にできることは気くばりしかないと悟った

後年、関ヶ原の戦いのため、決戦場に向かう途中、家康は泣いたと記されています。

「この歳（五十九歳）になって、こんな大変な思いをするのは、信康を失ったからだ」

と、家康はこぼしたそうです。

彼は、信康が生きていれば、東軍十万を指揮する大将になって、自分に楽をさせてくれたはずだ、と思っていました。

その〝天下分け目の戦い〟で家康は勝利します。

名実ともに、天下人となったのです。

さあ、読者《あなた》なら、信康を失った恨みをどうしますか？　あなたは何をしようと、誰にも文句を言われない立場になったのです。

これまで我慢に我慢を重ねて、見過ごしてきた酒井忠次をどうしますか？　讒言して嫡男を殺させた張本人です。憎んでもあまりある相手です。

多くの人は、本人はもちろん一族郎党を皆殺しにして、恨みを晴らそうと考えるでしょう。

ところが家康は、まったく逆の扱いをしました。

〝徳川四天王〟の筆頭（家臣最高位の従四位下）に、忠次を据えたのです。

自分の後継者を謀殺した人間を、完成した組織のナンバー2に据える人がいるでしょうか。いるはずが、ありません。

これこそが家康の凄味なのです。徹底した寛容さを、彼は発揮しました。なぜこのようなことができたのでしょうか。

彼は凡人です。性格も暗く、口下手《くちべた》のため、コミュニケーションで人々を説得するのも苦手でした。

でも、生き残りたい。その思いがズバ抜けた寛容さを、発揮させたのです。あの人についていけば、理不尽な目には遭わない、と周囲は思い、全力で自分を助けてくれました。

本来、短気でキレやすい家康は、真逆の寛容さ——絶望の中の——を徹底して、歴史に残る偉業を成し遂げたのです。

この本のタイトルに沿っていえば、究極の気くばりで天下を取ったのが、徳川家康といえるでしょう。不寛容さばかりを感じさせる現代社会、実践してみてはいかがでしょうか。

部下への気づかいがすごい平清盛、武田信玄

秀吉や家康の例を紹介しましたが、日本史には武将、軍師、商人にかかわらず、人間関係を円滑にするための、気くばりのヒントがたくさんあります。

平安時代末期、貴族に代わって権力を意のままにした平家の統領・平清盛《たいらきよもり》も、徹底した気くばりの人でした。

彼は部下を叱るときに、絶対に人前では叱りませんでした。部下に恥をかかせないよう、こっそり誰もいないところに呼んで、諄々《じゅんじゅん》と諭しました。

最近でこそ、パワハラやモラハラといわれることを恐れて、同様に心がける上司も多いようですが、清盛ははるか昔に、誰に言われるともなく、これを実践していたわけです。

また、猛将のイメージのある戦国武将の武田信玄も、じつは気くばりの達人でした。信玄は有名な「甲州法度之次第《こうしゅうはっとのしだい》」という国法をつくり、「この法律は私自身にも該当します。至らない点があれば言ってください」と、家臣にへりくだっていました。信玄に対して抱く一般のイメージとは、異なるのではないでしょうか。

当時、大大名だった今川義元の父・氏親《うじちか》が作成した「今川仮名目録《かなもくろく》」は、出だしが「酒を飲みながらつらつら考えた。文句ある奴はかかってこい」と強気です。

完全な上から目線でした。信長に負けてから、今川家があっという間に滅んでしまったのも、仕方のないことだったのかもしれません。

一方、上司への気くばりの達人もいました。幕末明治に活躍した大久保利通《としみち》です。大久保は、主君である〝国父《こくふ》〟（藩主の父）島津久光《ひさみつ》との間に、努力して親密な人間関係を作り、出世の階段を上って行きました。

大久保は日本の歴史を変えた人物ですが、先代藩主・島津斉彬《なりあきら》の時代は、まったく頭角を現していません。大久保が政治の中枢に抜擢されるのは、久光の実子で、斉彬のあとに藩主となった茂久《もちひさ》（のち忠義《ただよし》）の時代からです。

名君といわれた斉彬が引き立てたのは、大久保の盟友・西郷隆盛でした。斉彬自身が英雄的な人物なので、西郷のような破天荒で、無限の可能性を秘めた男を、自分が使いこなしたくなったのでしょう。

一方、斉彬の異母弟の久光は、器量が兄には遠く及ばないのですが、自我の強い人物でした。そのうえ、兄の遺志を継いで武装上洛を企てるまで、薩摩を出たことがありません。視野が狭く、その点に劣等感を持っていました。

久光からすれば、江戸や京都で他藩の重要人物と交流していた西郷に、引け目と嫉妬を感じており、いい関係を築けなかったのでしょう。

上司を喜ばせ続けた大久保利通の気くばり力

そんな久光を見て、近づいたのが大久保でした。

藩主・茂久の実父と一下級藩士ですから、ふつうにしていては接点すらありません。直接、会う機会を作ろうと、大久保はまず久光の好きな囲碁を、久光の碁仇《ごかたち》の吉祥院住職・乗願《じょうがん》に自らも習い、久光に関する情報を収集します。

久光が読みたいが見つからない書物を探し、乗願を通して久光へ。この時に大久保は、自らの意見書を書物に挟みました。こうして二年かけて、自分の存在を久光に伝え続けたのです。

久光からすれば、自分に近づき、仕えたいがために、懸命に努力をする大久保の姿が好ましく思えたでしょう。

しかし、大久保は上司に媚《こび》を売るだけで出世したわけではありません。ひたすら我慢を重ねて、単に仕えるだけでは、すぐに無理が生じます。

また、ただのイエスマンに成り下がっていては、いざという時、頼られることもなく、簡単に切り捨てられる可能性もあります。

ある程度、久光の信頼を得た大久保は、次のステップとして、久光の願いを叶える方法を、具体的に考えます。

亡き異母兄・斉彬の遺志を継承することでした。

藩主ではなく、藩主の父という立場の久光は、これまで無位無官……。いくら藩内で偉そうにしていても、藩外に出れば、ただの人＝三郎（久光の通称）です。これは久光のコンプレックスでもありました。

ちなみに、久光の兄・斉彬は「従四位上《じゅしいのじょう》・左近衛権中将《さこのえごんのちゅうじょう》」という高い官位を持っていました。薩摩藩十一代の藩主でもありました。

時代は幕末――当時、尊王攘夷の過激派が占拠する京都は、無政府状態に陥っており、強力な治安回復・維持の〝武力〟が求められていました。

そこで大久保は、薩摩藩をこれに当てようとします。無位無官の久光に一千人の屈強な兵を率いさせ、名目のないまま、大坂まで進軍させます。

不安に怯える朝廷は、ここにいたって、その兵力で「京都の治安を回復せよ」との勅命を下しました。

無位無官の久光が、京都に入るのは不可能と思われたのですが、それを大久保は知恵を使って成し遂げたのです。

勇んだ久光は、いわゆる「寺田屋騒動」で藩内の尊攘過激派とその仲間の浪士を説得、聞き入れない藩士を勅命で斬り、残りを捕らえ、ときの孝明天皇の期待に、見事、応えたのです。

大久保の自分への気遣いに、久光はきっと感謝したでしょう。

誰とでも最高の人間関係を築いた藤堂高虎

次に、日本史上において、人間関係の隠れた達人を紹介しましょう。

相手との間に、いい人間関係を築くうえで大切なものに、「誠」の精神があります。日本の戦国時代では、藤堂高虎が模範例となるでしょう。

歴史に詳しい読者の中には、この人物が……？　と意外に思われるかもしれません。高虎は「七回、主君を変えた男」として有名だったからです。

乱世であれば、成功者は多かれ少なかれ、主《あるじ》を変えて当然。しかし、「忠臣は二君にまみえず」とまでは言いませんが、それにしても七回の〝転職〟は多いだろうと感じます。

高虎は反織田陣営から、信長配下の秀吉陣営に移り、さらに徳川陣営へと移りました。ですが高虎は、当時の人間から悪く言われていません。それどころか、豊臣秀長から兄の秀吉、さらには徳川家康に〝転職〟しても、周囲から納得されていました。

上司に評価されるのはもちろん、部下にも慕われ、敵からも敬意を払われていたのです。

もし、高虎が単に損得勘定で裏切りをくり返しただけの武将であれば、尊敬されたり、慕われるはずがありません。

では、なぜ高虎は、人望を集め得たのでしょうか。彼には「誠」があったからです。

いくつか例をあげましょう。まず、関ヶ原の戦いのおりです。西軍の名将である大谷吉継《よしつぐ》は、戦場で自ら生命を絶ちました。彼は、いまでいうハンセン病を患っていて、顔が爛《ただ》れていたと言われています。

それゆえに介錯をした湯浅五助《ごすけ》に、「醜い顔をさらしとうない。わが首を敵に渡すな」と言い残しました。

五助は主人の言いつけ通りに首を埋葬したのですが、その最中を高虎の甥・高刑《たかのり》に見られてしまいます。

五助は高刑に討たれる前に、

「殿の首の在り処を、どうか黙っていてくれ。武士の情けだ」

と言い残します。

合戦は終わり、論功行賞の席が設けられました。東軍の総大将である家康の前に、一人ひとりやってきて、自分の手柄を報告する場です。高刑は五助を討ったことを報告しました。

それを聞いた家康の目が輝きます。吉継の側近である五助が、主君と最後まで行動を共にしていたことは知られていたからです。

「では、大谷吉継の首の在り処を知っているか」

東軍はこの時、血眼になって吉継の首を探していました。西軍の大将クラスで、関ヶ原で死んだのは吉継であり、家康としては何としてもその首を晒《さら》したいわけです。高刑が吉継の首の在り処を教えれば、大きな手柄として褒美を与えるつもりでした。

ところが高刑は、「それはご勘弁ください。誰にも言わない、と死にゆく湯浅五助と約定《やくじょう》を交わしました。武士の情けです」と答えます。

家康や側近がなだめても、頑《がん》として答えません。ついには「私を御処分ください」とまで言い出す始末。手を焼いた家康は、高刑の主君である高虎を呼び出します。そして、高虎に言いました。

「おまえの甥は、大谷吉継の首の在り処を言わない。こんな態度を取るのなら、今日の戦いの論功を取り上げるぞ」

家康や側近は、高虎が高刑を叱るものだと思っていました。なにしろ、関ヶ原の戦いまでの高虎は、家康のために働き、まるで譜代の家臣のように、従順な態度で接していたからです。ところが、高虎の返答は予想外なものでした。

「高刑が武士の情けで話せないのであれば、私もそれ以上は申せませぬ」

最初は家康も、あっけにとられたことでしょう。しかし、「もうよい」と不問に付しました。それどころか家康は、高刑に褒美まで与えたのです。

敗将・石田三成に対して見せた気づかい

褒美を与えた家康もなかなかですが、高虎の「誠」も大したものです。一歩間違えば、家康の不興を買って、今まで築いてきた信頼を失うかもしれませんでした。それでも、部下が生命懸けで守ろうとしている約束を、高虎も庇《かば》ったのです。

さらに藤堂家は、後日、大谷吉継の墓碑を埋葬地に建立しています。ここまでの「誠」を示したからこそ、人は心から高虎を信頼できたのでしょう。

その関ヶ原の戦いの後日談にも、高虎の「誠」を示すエピソードがありました。

負けた西軍の主将・石田三成は、戦場から落ち延びたのですが、やがて捕えられます。縛られて、大津城の城門の外に座らされました。登城してくる大名達への晒し者にされたのです。

この時の、大名たちの態度には、それぞれの性格が現れていて興味深いものがありました。

たとえば、三成を嫌っていた福島正則《まさのり》は、馬上から「偉そうにしていたが、そのざまはなんだ」と罵倒して通りすぎました。

黒田長政はわざわざ下馬し、「勝敗は時の運とは申せ、五奉行随一といわれた貴殿がこのような仕儀となろうとは、さぞ、ご無念でござろう」と、自らの羽織を脱いで、三成の肩に掛けました。

西軍を裏切った小早川秀秋は、門の陰から三成の様子をうかがっています。それを見つけた三成が、「金吾《きんご》（中納言）か！」と怒鳴りました。

「太閤殿下から、誰よりもご恩を賜りながら、合戦の最中に寝返るとは畜生《ちくしょう》にも劣る所業《しょぎょう》。おまえの裏切りを、あの世で太閤殿下に報告してやるぞ」と罵ったのです。

そんな中、現れた高虎はどうしたと思いますか。

まず、馬から降ります。三成の前にかがむと、

「この度の戦《いくさ》、貴殿の軍と対戦したが、さすがに強いと感じました。ついては、貴殿がご覧になったわが藤堂軍について、何かご教示をいただければありがたいのですが」

と丁寧に頭を下げて質問したのです。

まさに真摯に学ぼうとする精神であり、また縛られている三成に対して、将としての敬意を示したものでした。三成は答えます。

「貴殿の兵も精強であった。あえて申すなら、鉄砲隊でしょう。わが軍よりも命中率が低かったように思う。たぶん、足軽だけで編成しているからではないか。もっと地位の高い者も組み入れれば、さらに精度が上がるかと……」

それを聞いた藤堂は、深々と一礼します。

「誠にありがたいご指摘、心して承ってござる」

敗軍の将に対して、蔑むことなく、とはいえ媚ることもなく、教えを請おうとする姿勢には、高虎の「誠」がありました。後日、藤堂家は鉄砲隊に士分格の人間を入れて再編し、練度を上げたといいます。

外様《とざま》大名でありながら、家康は高虎を厚く遇し、譜代大名並みに扱いました。

その結果、伊賀(現・三重県西部)という忍びのくらす土地を領地として与え、徳川政権の諜報部を委託するほどの、絶大な信頼を寄せました。

有名なのは、家康の孫娘の和子《かずこ》を朝廷に輿入れさせた工作です。

まず、徳川家の嫁入りに反対する公家の情報を集めさせました。そして、彼らを排除する工作も高虎に依頼します。

さらに、まだ豊臣秀頼のいた大坂城に対する諜報活動も任せました。

そして、ついに家康も、最期《さいご》を迎える時が来ます。見舞いに訪れた高虎に、家康は、

「貴殿と友になれたのはよかったが、仏門の宗派が違うので、あの世では会えないな」

と寂しげに洩らしました。

すると高虎は、その場を退いてすぐさま、自らの日蓮宗から家康と同じ宗に改宗してきます。

家康は大そう喜びました。

「徳川家が合戦に臨む際は、井伊と藤堂を先陣の頼りにせよ」

とまで言い残したほどです。

井伊は直政を藩祖とする〝徳川四天王〟の一《いっ》でした。

それを同等とまでの、信頼を勝ち得たのは、高虎の「誠」でした。

不思議なのは、これだけの人物なのに、藤堂高虎はあまり知名度が高くありません。

自分の手柄を吹聴しなかったからです。

「自分はこんなに大御所様《おおごしょさま》に信頼されている」とか、「関ヶ原や大坂の陣で、徳川を勝たせたのはオレだ」などと、ベラベラ喋ったりしませんでした。

「誠」の気持ちで相手に接した藤堂高虎――。

相手を尊重しながら、自分をしっかり持つ生き方は、現代でもきっと参考になるに違いありません。

名将の気くばり、軍師の気づかい　その㊀

人の相談に進んで乗った千利休と愛嬌で周りを包んだ足利尊氏

千利休《せんのりきゅう》は、豊臣秀吉のもとで大いに出世した茶人です。

彼はもともと堺の商人の出で、そこから茶の道で身を立てることを志しました。

そしてお茶を政治に活用した、織田信長のもとで茶頭《さどう》として出世し、秀吉の時代に政治・外交で実力を発揮、権力のピークを迎えました。

秀吉は利休に対して、信長の部将時代、「宗易殿《そうえき》」と敬っていましたが、歳の差もあり、一方の利休は秀吉を「筑前」と呼び捨てにしていました。それほど二人には、〝差〟があったのです。

しかし、上位の利休は気くばりのできる人でもありました。そのことが、二人の地位逆転後に幸いしたのです。

武将たちは、事あるごとに利休に相談に来ました。

伊達政宗が北条攻めの、秀吉の小田原征伐の陣に遅れてきたときも、秀吉に対して政宗を、取りなしたのは利休です。

秀吉の九州征討では、島津家を説得するために、書状をしたためて送りました。

利休は口が堅かったので、皆も安心して相談できたのでしょう。

利休とはちょっと違う意味で、周りに慕われたのが室町幕府の初代将軍・足利尊氏《たかうじ》でした。

彼の長所は、秀吉とは異なる愛嬌があるところでした。言い方を変えると、頼りないところがあるということになります。

尊氏のようなリーダーは、アジアにしかいないかもしれません。似ているのは、三国志の劉備玄徳《りゅうびげんとく》でしょう。

尊氏は、湊川《みなとがわ》の合戦で楠木正成《くすのきまさしげ》に負け、九州に落ちていくのですが、その途中にも「オレはここで死ぬ、死ぬ」と騒いでいます。

それを周りが必死で宥《なだ》めるのです。情けないけれど、そんな姿も素直に見せているので、できる部下は自分が頑張らなければ、と思うのでしょう。

このような調子なので、尊氏は敵を作りませんでした。義理堅く、情に厚いところもありますから、部下からすれば、オレについて来いという頼りがいのある上司とは異なる、尊氏のような情けないけれど可愛げのある上司も、自らの才覚を伸ばしやすいと考えれば、仕え甲斐があるのかもしれません。

とくに今のような時代には、率先垂範《そっせんすいはん》型の上司よりも、緩《ゆる》くて頼りなく、それでいてやさしい上司のほうが、時代的には合っているのかもしれませんね。

第二章

こんな上司と
仕事がしたい！
歴史に学ぶ
「理想の上司」とは

上司で、職場の空気は決まると言ってもいいでしょう。

近年はパワハラやらモラハラやらで、上司にとっても大変な時代になりましたが、上司が一方的に、部下に命令して従わせる時代は、完全に終わった、といえるでしょう。

いま、上司に試されるのは、人間力です。

部下への接し方から言葉のかけ方、フォロワーシップまで、日本史から学ぶことはたくさんあります。

人格者・平清盛は部下の欠点よりも長所を見た

理想の上司として、まず最初に紹介したいのは平清盛です。

彼は武士として初めて、太政大臣《だじょう》の位まで上り詰めました。

藤原氏によって長くつづいた公家の支配を打ち破り、その後の武家政権へつながる礎を築いた大人物です。

しかし、『平家物語』を読むと、清盛の悪口がたくさん書かれています。そのせいか、清盛に対しては暴君のイメージを持ってる人も少なくないかもしれません。が、それは大きな誤解です。

実際は、暴君どころか誰にでも気を遣える、優れた人物、理想の上司でした。

清盛が他人に気くばりできた理由は、若い時に辛酸をなめた影響が大きかったようです。

清盛の父・忠盛《ただもり》は、武士として初めて昇殿（朝廷への出入り）を許されました。息子の清盛も、労せずして公家の世界に足を踏み入れることができたのです。

しかしそこは、武家社会よりも過酷な世界でした。当時の公家からすれば、武士というものは犬馬同様にしか見えません。清盛も若い時分は、陰湿なイジメに涙をこらえる場面も多かったのです。

いじめられた人間は、いじめがどれだけ悪いことかを、身に染みて理解しています。のちに清盛は出世し、太政大臣となっても、部下を気遣う繊細で優しい上司でありつづけました。

たとえば彼は、家臣を叱る際も感情にまかせず、タイミングを考えました。身分が低い相手でも、表立って罵倒することはありませんでした。なにか落ち度があったのなら、必ず誰もいない場所にひそかに呼んで、丁寧によくわかるように諭しました。

いかに相手が主君でも、皆がいるところで怒られるのは、誰だってイヤでしょう。たとえ指摘そのものは正しくても、「あえて恥をかかせることはないだろう」と腹が立つと思います。

ここで重要なのは、頭にきた人間は、一番重要な、なぜ、自分が叱られたか、その原因を悟らず、反省しないことです。おそらくまた、同じ失敗をくり返すでしょう。つまり、叱った本来の目的が改善されないまま終わってしまうことになります。

また、清盛は相手の欠点を見ないところも魅力でした。のちに清盛の政治のパートナーとなる後白河《ごしらかわ》法皇（第七十七代天皇）は、伝統的な教養があまりなく、流行歌《はやりうた》に興じていました。

周りはなぜ、あのような人とつき合うのか、と訝っていましたが、清盛は法王の別の魅力、長所である政治力を高く評価していたので、欠点など気にならなかったのです。

自分の後継者である三男の宗盛《むねもり》に対しても、優柔不断なところは目をつぶって、彼の人柄の良さを買い、盛り立てていきました。


清盛はどんな相手に対しても、優しさを失わない人でした。

若い頃、瀬戸内海の海賊退治を命じられた時も、公家たちは「海で罪を犯すけしからん輩《やから》は、皆殺しにせよ」と清盛に命じます。

でも、清盛は恭順の意（つつしんで服従すること）を示す海賊は許しました。それどころか、商船の航行を守る役目すら与えたのです。これはのちに、清盛が日宋貿易を盛んにするための大いなる一助となりました。

もし海賊を片っ端から処刑していれば、恨みを抱いた彼らは、あらゆる手段で海の安全を脅かしたでしょう。

清盛が話せばわかる天下人だと知っているからこそ、海賊も減り、商船が安心して往来できる環境を整えることができたのです。

人格者であり、優しさも有していたその姿を、戦国時代の織田信長は尊敬し、自らの理想のモデルを平清盛に求めたほどでした。

優しさを超えた「人間力」をもっていた天才軍師

優しさといえば、戦国著名な天才軍師・竹中半兵衛も持ち合わせていました。

彼は特に、モノの言い方には気を付けていました。たとえば、配下の部将が敷いた陣に不満がある時でも、頭ごなしに否定したりはしません。相手にも、プライドがあるからです。

「半兵衛の言う通りに陣立を変えたくない。あいつが来ても、耳をかさないからな」などと思っています。そこへ半兵衛がやって来ます。否定されたくないので、その部将は知らん顔をしています。

そこで半兵衛はまず、「さすがですね、見事な布陣だ」と感嘆し、褒めます。天才軍師に認められ、部将は「そうですか」とつい応じてしまいます。そのうえで、

「ただ、あそこの兵をこの位置に動かせば、さらに隙がなくなりますな」

と、半兵衛は笑顔で言うのです。

部将は素直に兵を動かしました。結果的にこの部将は、半兵衛の指示通りに陣立を変えることになったのですが、嫌な気分にはならなかったのではないでしょうか。

半兵衛は人をどう動かせばいいか、がわかっていました。腕力では、ほかの武将、部将たちにはかないません。

だから、馬も穏やかな性格のものに乗る。一説には、牛に乗っていたとも言われるほどです。

しかし、歩みはゆっくりでも、雷が鳴ろうと大軍が不意を突こうと、半兵衛はまったく動じませんでした。

何が起こっても毅然としているため、将兵は「あの軍師がいる限り、敗けない」と士気を高めたのです。

半兵衛と並び称された黒田官兵衛は、敵方に寝返った荒木村重《むらしげ》を説得に向かった際に、捕らわれてしまったことがありました。

主君の信長は、官兵衛が寝返ったと勘違いして、官兵衛の長男である松寿丸《しょうじゅまる》を殺すように、と秀吉に命じます。

秀吉は自分で対応できず、この件を半兵衛に任せることにしました。すると半兵衛は、殺したと偽って松寿丸を自領にかくまったのです。

もし、それが信長に露見したら、彼は責任を取るつもりでした。そこまでの覚悟で守った松寿丸はその後、成長して名将・黒田長政になります。

優しさを超えた、人間力を備えていた竹中半兵衛は、上司の鑑《かがみ》といえるのではないでしょうか。

偉ぶるところがない勝海舟の上司力

上司としてもそうですが、人間として偉ぶったところがないのが、幕末維新期に活躍した幕臣・勝海舟《かつかいしゅう》です。

一般的には、「オレの若いころは〜」と武勇伝を語りたがるのが上司というものですが、部下にとってみれば、憧れるどころかいい迷惑です。

そうした上司と海舟は、対極にいました。

明治になってから、偉ぶったホラ話を吹きつづけた印象の強い海舟は、その実、本当に自らが成し遂げた功績を語ろうとはしませんでした。

海舟は、新政府軍の西郷隆盛と会談をして、江戸を火の手から救いました。

徳川家と江戸を守ったのは、オレだ、オレだ、と海舟はラッパを吹きました。その後、彼は明治政府にも仕え、高位高官となって活躍してもいます。

旧幕臣にすれば、海舟は大ボラ吹きの裏切り者ともみえたでしょう。維新後、職を失った旧幕臣たちが苦しい生活を強いられているのに、海舟だけは新政府の高官となっているのはおかしいではないか、と。

福沢諭吉も海舟に対して、「忠臣は二君にまみえずという言葉を知っているか」と詰め寄っています。

でも、真相は違います。

海舟のホラ話は、一種のカモフラージュだったのです。明治の初期に、士族による内乱がいくつもありました。萩の乱、神風連《じんぷうれん》の乱、西南戦争などが連続して起きています。しかし、幕臣が中心となった叛乱は、ひとつも起きていません。

なぜ、新政府に不平・不満を募らせていた旧幕臣は、武器を持って立ちあがらなかったのでしょうか。軟弱になっていたから？　腰が弱かったから(意気地がなかった)？

そんなことはありません。なぜならば、旧幕臣の不平不満が爆発しないように、海舟は彼らに仕事の斡旋をし、金を貸し与えつづけたからでした。

職を与えるためには、明治政府で力を持っていなければなりません。だから彼は、そしりを甘んじて受けながらも、参議兼海軍卿になったのです。

新しい時代に放り出された幕臣たちは、どう生きていけばいいかわかりませんでした。そんな彼らに就職先を世話したり、ときにはお金を融通したりして、親身に接したのが海舟でした。

江戸無血開城の前後には、幕府の金庫番として、幕臣に金を配っています。彼らが生きていけるように、陰で懸命の努力をしていましたが、海舟はそのことを一切語っていません。

そして海舟は、最後には主君であった徳川慶喜《よしのぶ》（十五代将軍）を救います。慶喜は明治になって以降、東京を離れ、静岡で静かに暮らしていました。彼は朝敵になった身です。他の大名が華族に列した際も、それに連なることができず、無位無官のままでした。

海舟は新政府に対して、慶喜の名誉回復の交渉をつづけ、ついに明治天皇（第百二十二代）と徳川慶喜との対面、和解を実現しました。慶喜の華族としての立場＝「公爵」も確保したのです。

海舟による旧幕臣への献身的な活動は、世に広まっていません。彼自身が、語らなかったからです。かわりにホラを吹きまくりました。そのため誤解され、幕末でも何度か襲われ、身体に傷がいくつも残っています。

それでも、自らの本当の功を語らないというのは、なかなかできることではないでしょう。世間には広まらずとも、海舟から恩を受けた旧幕臣たちの心には、いつまでも海舟への感謝の念が残ったはずです。

若いころの挫折が、海舟を優しく強くした

幕末の偉人、勝海舟は懐《ふところ》の深い人でもありました。相手を門地や身分、肩書で判断せず、中身で見ました。

そもそも封建制の時代は、異種の人間同士が交流する体験をしにくい社会でした。厳しく身分が定められ、つきあう相手も限定されていたからです。

牢人（浪人）になれば別ですが、武士階級の人間が町人と親しくすることは、基本的にはありませんでした。同じ武士でも、地位と身分によって、日常的に会える人間は制限されていたのです。

そうなると、人やモノへの見方はどうしても偏りがちになります。自分の立場、相手の身分などで、フィルターをかけて接してしまうからです。

しかし、海舟は幕臣でありながら、薩摩や長州、土佐のような外様《とざま》の藩士とも積極的に交わり、土佐脱藩郷士である坂本龍馬の面倒も見ています。

また、武士の世界に限らず、町火消で侠客でもある新門辰五郎《しんもんたつごろう》などとも、つながりがありました。

二十歳くらいのときにオランダ語に出会い、海舟はこれからはこれだ、と熱心に蘭学を勉強しました。

幕末とはいえ、オランダ語を学ぶことは〝蘭癖《らんぺき》〟と呼ばれて、変わったヤツのやるものだという扱いを受けた時期です。

実際、直心影流の島田虎之助の、道場の師範代になっていた海舟が、旗本たちに剣術を教えに行くと、「異国にかぶれている人間に教わりたくない」と、断られたこともありました。

それでも海舟はオランダ語を学び、西洋流砲術にも興味を持ちます。その縁で当時の一級の兵学者であり、思想家でもあった佐久間象山《しょうざん》（ぞうざん、とも）と交流しました。

御家人とはいえ、れっきとした直参《じきさん》であり、その身分はそれなりに保証されていた海舟が、なぜ白い目で見られながらも貪欲《どんよく》に、新しい海外知識や技術を吸収していったのでしょうか。そこには彼の、十代での挫折がありました。

実は少年時代、海舟は大奥に上っていました。七歳の時に、十二代将軍の徳川家慶《いえよし》の息子である初之丞《はつのじょう》のご学友に選ばれたのです。

男子禁制の大奥でも、少年は例外的に入れたため、幕臣の子として少年時代の海舟(麟太郎《りんたろう》)は、大奥を見学に行きました。その際に、当時の将軍家斉《いえなり》(十一代将軍)が海舟を気に入り、初之丞のご学友として認めたのです。

海舟は少年時代を、女だらけの特殊な世界である大奥で過ごしました。この時点で、今までの世界とはまったく違うカルチャーショックを、海舟は受けたはずです。

成長した彼は、本格的に幕臣としての勉強をするため、江戸城から一時帰宅しました。九歳のときで、その際、海舟は犬に男性の大切な所を噛まれる事故に遭います。

以来、彼は〝玉〟が片方しかありません。生命は助かりましたが、男らしさが尊ばれる時代に、本人はずいぶん恥ずかしい思いをしたことでしょう。さらに不幸が待っていました。学友だった初之丞が、病気で亡くなったのです。初之丞はいずれ一橋家を継ぎ、海舟は一橋家の家老になっていた可能性もありました。しかし、その芽は潰えてしまったのです。死にかける目に遭い、出世も途絶えました。海舟は若くして、天国と地獄を見たわけです。

そもそも、勝家は無役の御家人です。父親が属する小普請組《こぶしんぐみ》は、台風などの後に江戸城を見回って、どこか修繕が必要な箇所はないかを調べ、あればそれを修繕する係です。閑職といっていいでしょう。

年に一回ぐらいしか、出番はありません。あとは毎朝、組頭《くみがしら》の家に行き、玄関の前に並んで「行ってらっしゃいませ」と頭を下げるくらいしか、することがないのです。

そんな毎日に嫌気が差したのか、海舟の父親は町で喧嘩を吹っかけたり、吉原で遊んだりする、いわゆる〝不良旗本〟として身を持ち崩しました。

荒んだ父との生活に、終止符を打てるはずだった海舟は落ち込みます。唯一の希望だった出世の道がなくなり、自分の将来はどうなるのか、と悩み抜いたに違いありません。

でも、こうした経験が人間海舟を形作っていきます。

いいことがあっても、いずれ悪い事が起きることを、彼は知りました。逆に、悪いことがあっても、その先にいいことがあるかもしれない、と忍耐強く待てるようになったのです。

人生は自分で切り開くしかないので、剣術から禅、オランダ語だろうが西洋流砲術だろうが、興味のあるものはがむしゃらになんでもやってみました。

人生には思いもよらぬ出来事があるし、自分の知らない考え方をする人間がいることも、海舟は知りました。

どんな相手と出会っても、自分の考えを押しつけたり、一方的に相手を否定したりせずに、まず理解しようとしたのです。

こういう海舟の処し方こそ、現代のような多様化する時代には必須なのではないでしょうか。

親分肌の火付盗賊改方・長谷川平蔵の気くばり

若いころの挫折経験が、人としての器を大きくしたという意味では、江戸時代に活躍した長谷川平蔵宣以《へいぞうのぶため》も好例といえるでしょう。

長谷川平蔵といえば、〝鬼平〟の異名のほうが、なじみがあるのではないでしょうか。池波正太郎氏の人気時代小説『鬼平犯科帳』シリーズの主人公です。

実際の平蔵は、「火付盗賊《ひつけとうぞく》改方《あらためかた》」の長官を歴代最長の任期で務めました。

賄賂や拷問が横行する江戸の司法の場で、誠実な姿勢で捜査に取り組む人物でしたから、庶民からの支持は絶大。

犯罪者からも一方では恐れられながら、平蔵の温情ある裁きに心打たれ、前科を悔い改める者も多かったといいます。

ふつうの奉行は、犯罪人は「邪悪な心根の不届き者」と決め込んで処理しましたが、平蔵は彼らを「状況や境遇のせいで、心ならずも犯罪に手を染めるしかなかった人々」と一定の理解を示したのです。

なぜならば、平蔵は一時、彼らのような無頼《ぶらい》の徒と交わり、自らを自由に解放した時期を持っていたからです。これは後代の江戸町奉行・遠山左衛門尉景元《かげもと》にもいえることでした。

ただし、平蔵の場合、『鬼平犯科帳』で描かれるような〝本所《ほんじょ》の銕《てつ》〟という札付きの不良として、旗本仲間を震え上がらせていた、などという話は誇張、創作にすぎません。

平蔵は京都西町奉行の父・宣雄《のぶお》と共に上方《かみがた》にあったのですが、その父が急逝。江戸に帰る前の約一年、平蔵は自由気ままな時間を持ち、この期間に庶民や市井《しせい》の人々と交流しました。その経験が、後の平蔵のキャリアに大きく影響したのです。

そもそも「火付盗賊改方」は、警察というより、軍隊をイメージするほうが実態にふさわしいものでした。その証左に、「先手組《さきてぐみ》」がこの役目についていました。先手組はいざ合戦となったおり、先鋒《せんぽう》隊を担っていた集団です。

江戸市中での役目は、放火、強盗、賭博などを取り締まって、治安を守ることです。扱うのは、今でいう重犯罪ばかりでした。武装強盗団とやり合うこともあり、生命の危険はつねにあります。

だから、軟弱な人間には務まりませんでした。旗本の中でも精鋭の集う、「先手組」

が担当したのもうなずけます。

捕縛に関しても、手向かう相手は「切捨御免《きりすてごめん》」が許されました。

平蔵より前の時代の、同役・中山勘解由《かげゆ》は、火付盗賊改方になると、自宅の仏壇と神棚を壊して、焼き捨てています。

「信仰や慈悲心をもっていては、役目をまっとうできない。鬼になってでも、諸悪を根絶する」と決意を固めたわけです。

そんなすさまじい役目を、平蔵は江戸時代で一番長く務めたのでした。

平蔵は、〝密偵〟と呼ばれる前科のある者、裏社会に顔のきく者を、手下として使いました。十手に似せたものを持って、庶民の中に入り込み、「御用の者だが――」と聞き込みをする岡っ引きだけでは、犯罪を未然に防ぐことは不可能だ、と考えたからです。

当時、江戸には〝天明の大飢饉〟などの災害で苦しむ農民が、田畑を捨てて流入していました。

人名帳に載ってない人々（無宿人《むしゃくにん》）が、江戸でも食い詰めてしまい、否応なしに悪事を働き、人心が荒れていたのです。

江戸の、裏社会の事情通を手下として使うだけでは、根本的な解決にはなりません。

平蔵の悩みは、尽きませんでした。

犯罪を犯す者にも一人の人間として向き合う

非公式に〝密偵〟を使いながら、ときにはその人脈による情報源に拠って、平蔵は次々と成果をあげていきます。

もちろん、〝密偵〟はタダ働きはしません。「おかみのために、ボランティアで奉仕します」という〝密偵〟はいませんでした。

だからといって、非公式に使うスタッフの分まで、幕府は経費を支給してくれませんので、調査費や部下の手間賃を平蔵は自らひねり出さなければなりませんでした。

そのために、先祖代々の掛け軸やら骨董品やらを売り払います。その資金を元手に銭相場、米相場を張ったのです。

値上がる前に買って、値上がり益を手にする。今でも当たり前にある投資法です。柔軟な発想があり、平蔵は経済活動にも頭を使い、厳しい現実に対してお役目を果たす気持ちを持っていました。

その成果はめざましく、検挙率は大いに高まり、江戸の治安向上に貢献しました。また、「神稲小僧《しんとう》」と恐れられ、数十人の手下とともに関東を荒らしまわっていた盗賊団のボスも捕まえています。

ですが、上司の老中が、田沼意次《おきつぐ》から松平定信《さだのぶ》に替わると、相場に手を出した平蔵は嫌われ、「私の目の黒いうちは、けっして今以上に出世はさせぬ」と、平蔵にクギを刺し、以後、その出世――周囲が期待した江戸町奉行への就任――は実現せず、平蔵は「火付盗賊改方」の長官として、そのままこの世を去ってしまいました。

しかし、彼の抱いていた命題――前科者が再び、悪事に手を染めないようにするにはどうしたらよいか――は、石川島に人足寄場《にんそくよせば》を設置したことで解決したのです。これは平蔵の、大きな功績といえるでしょう。

世界でも珍しい、軽犯罪者を働かせる更生施設を彼は作ったのです。
いわゆる無宿人、宿無し連中は定職につけず、お金が稼げないために、一日一食にさえありつけず、犯罪に走ってしまいます。そのため彼らを捕まえて、法の裁きを受けさせるのですが、その後に、学問や技能を持たない者には、出所後の更生に役立つ仕事を学ばせたのです。

軽犯罪者に、手に職をつけさせて社会に送り返す。再犯防止に努めたわけです。

こういう更生施設を発想した平蔵は、やはり素晴らしい人です。日本を含めて、世界の多くの司法は刑罰で締め上げて、罰を与えるだけなのですから。

平蔵はわずかな期間とはいえ、庶民がなぜ、犯罪をくり返すのか、を彼なりに見聞し、その後も研究しつづけていたのでしょう。

手に職があって収入を得られるのなら、社会でふつうに暮らしていけます。捕まるリスクを犯して、スリや空き巣をする必要はありません。

彼は死後に、江戸の庶民から〝今大岡《いまおおおか》〟と呼ばれました。大岡忠相《ただすけ》は名裁判官の代名詞です。その人物と並び称されていたのですから、どれだけ庶民の支持を得ていたかわかります。

機械的に仕事をこなすのではなく、まずは相手の立場になって考える。身分の上下ではなく、一人の人間同士としてつき合う。平蔵のやり方は、上司の鑑といえるでしょう。

相手を立てるのがうまかった西郷隆盛の謙虚さ

上司は常に、人の目を意識する必要があります。「見られている」という感覚を、もつべきなのです。

幕末維新の英傑・西郷隆盛も、他人《ひと》から見られることを意識した人物です。西郷は、人と会う時は必ず袴《はかま》を穿《は》き、服装を整えてから現れました。相手が誰であっても、決して無礼な態度を取りませんでした。

一度、失敗してしまったことがあったからかもしれません。

〝親友〟となる越前福井藩の秀才・橋本左内《さない》との初対面のときのことです。左内が藩の公用で薩摩藩を訪れたおり、西郷は藩士たちの相撲を見物していました。左内は小柄で年下でしたから、西郷にも軽んじる気持ちがあったのでしょう。相撲の勝負が終わるまで、左内を待たせてしまいました。

やがて現れた西郷に、左内は激怒せず、諄々《じゅんじゅん》と要件を語りました。それを聞いた西郷は、猛省します。慌てて衣服を改め、左内に謝罪しました。二人は和解し、肝胆相照《かんたんあいて》らす仲となったのです。西郷は二度と、訪問者を軽んじるような真似はすまい、ほんのわずかな気の緩みを、他人は見ていると骨身に染みてわかったのでしょう。

西郷には、天性の上司気質、上に立つ条件が備わっていました。

・相手を立てるのがうまい
・人を絶対に見放さない
・人に仕事を任せるのが上手

この三つは、いずれもデキる上司に求められる素養でしょう。

そして、これらの根底にあるものは、相手に対する敬意です。これは、薩摩藩の郷中《ごじゅう》制度によって育《はぐく》まれたものでもありました。

薩摩では藩内を区割りして、その中の青少年でグループを作らせ、ともに学ばせる制度を採用していました。

グループでリーダーを選ぶ際、学問の良くできる優秀な人は、リーダーに選ばれませんでした。

リーダーに必要な素養は、勇敢さや潔さ、卑怯なマネをしないことでした。弱い者イジメをしない、ケンカをしても終われば水に流す――。度量の広い人間がリーダーとなり、その一人が西郷だったのです。

さらに、西郷は二度、島流しに遭っています。二度目は死にかけてもいます。そこから生還してきました。頭がいいだけのエリート上司とは、モノが違うのです。

歴史を動かした薩長同盟も、西郷が長州藩に頭を下げて頼んだ、と伝えられています。

薩摩と長州の両藩は、つい最近まで諍《いさか》い合っていた関係であり、一方の長州藩は、薩摩藩に攻撃され、〝朝敵〟の汚名まで着せられています（禁門の変）。薩摩に対して頭を下げられるわけがないだろう、と西郷は自らへりくだったのです。

また、最後まで新政府軍（官軍）に抵抗した庄内藩に対しても、西郷は丁寧に接するように、と部下の黒田清隆に指示し、藩士の魂である刀を取り上げず、自宅謹慎程度の処分で済ませました。

周りが「再び反乱を起こしたら、どうするのですか？」と問うと、西郷は「また討つまでだ」と答えました。度量の広さに、周りは感服したそうです。

実際、のちに庄内藩主として新政府軍と戦った、酒井忠篤《ただずみ》は数十人の家臣を連れて、鹿児島まで西郷に兵学の講義を受けに出向いています。

さらに後年、西郷が明治政府に対して挙兵した西南戦争の際には、鹿児島に来ていた旧庄内藩士が、西郷と最期を共にしています。

西郷の言葉を集めた『南洲翁遺訓《なんしゅうおういくん》』を編纂し、全国に普及させたのも庄内藩士たちでした。

しっかり話を聞くことも相手への気づかい

西郷は、人の意見にもよく耳を傾けました。

たとえば、勝海舟との初対面のおりもそうでした。

海舟は軍艦奉行を務めていて、神戸の海軍操練所の陣頭指揮を執っていました。第一次長州征伐の迫る時期です。当時の薩摩藩は、まだ幕府側でした。

「一刻も早く、長州を討ち滅ぼしましょう」

やる気満々、意気盛んな西郷は、海舟に開戦を促します。しかし、対する海舟は、歴史上有名なあの言葉を吐くのです。

「もう、幕府はいけねえよ」

幕臣である海舟は、自分が軍艦奉行まで出世していても、冷静に幕府の内情を見ていました。海外の列強が日本に迫り、国難を迎えているというのに、内輪揉《も》めをつづける幕府に彼は失望していました。

「今は日本の中で揉めている場合ではない。本当に日本のことを考えるなら、長州藩を助ける方法を考えるべきだ」

幕臣とは思えない、海舟の主張です。西郷も驚いたでしょうが、それでも西郷は海舟の言葉に耳を傾けます。

そして、素直に心を動かされました。その夜、大久保利通に宛てた手紙の中で、「勝殿に惚《ほ》れ申し候《そうろう》」と書いています。

西郷は外様である、薩摩藩の人間です。

その彼に、「幕府はダメだ」という思い切った話を海舟はしました。初対面の西郷を信頼して、腹を割って話をしたのです。

その言葉の重みを、西郷はちゃんと受け止めています。さすがに西郷には度量がありました。そして、薩摩藩は発想を転換して、薩長同盟へと動いていくのです。

時は流れ、新政府軍の事実上の総司令官として、西郷は軍勢を江戸に向けて進めることになりました。彼は、将軍だった徳川慶喜を殺すつもりでいたのです。

しかし、幕臣の山岡鉄舟《てっしゅう》の仲立ちで勝海舟と会い、全面降伏するなら生命は助けよう、とここでも西郷は譲歩しています。

では、降伏して謹慎する慶喜の身柄を、どこへ預けるべきか。

新政府軍としては、見せしめのためにも、徳川家と縁もゆかりもない大名家に預けようという意見が大半を占めていました。

このことに、使者の鉄舟は怒ります。

「西郷殿は、自分の主君がまったく知らない大名に預けられたら、承服されるのですか」と、詰め寄ったのです。

西郷も、鉄舟の主君思いの言葉に「もっともだ」とうなずき、慶喜の生家である水戸家に預けることを決めました。

自分の話を頭から否定されては、相手も気分がよくありません。聞く耳を持つということは、相手への気くばりにもつながるのです。

自分の分を知り、控えめに生きた権力者・柳沢吉保

上司には「権力」があります。権限と言い換えてもいいのですが、部下をマネジメントするなど、日々の業務での裁量権を与えられています。

しかしその「権力」は、あくまでも会社から業務の一環として与えられているだけで、部下よりも人間的に優れているとか、横暴にふるまってもいいという、特権を手にしたわけではありません。

そこを勘違いする人間は、「権力」に酔いしれ、やがて暴走してしまいます。

一方で、自分の分《ぶ》を知っている人間は、どれだけ巨大な〝力〟を手にしようと、与えられた範囲を踏み出すことはありません。

その好例が、柳沢吉保《よしやす》です。

吉保は、五代将軍・徳川綱吉の寵愛を受けた側用人《そばようにん》です。江戸の元禄時代に、絶大な「権力」を手にした人物です。

彼を知る歴史に詳しい読者の中には、吉保を「己れの分をわきまえていた人物」と定義するのは、違和感を覚える、という方があるかもしれません。

柳沢吉保はフィクションで描かれる姿と、史実の姿が真逆な人物です。

江戸時代に書かれた〝実録本〟（この物語の裏には、実は……と、面白おかしく話を創る読み物）では、出世のために自分の愛妻を将軍綱吉に差し出し、美女や賄賂《わいろ》で、将軍を垂らしこんだ奸臣の扱いになっています。

なぜ、そんな描かれ方をしたのでしょうか。世間から見たら、吉保がなぜ異例の出世をしたのかが、わからなかったからなのです。

吉保が仕えた徳川綱吉といえば、生類憐《しょうるいあわれ》みの令で有名です。人間より犬を大事にしろ、というようなお達しに、散々苦しめられた庶民には、綱吉政権に対する恨みがあります。将軍綱吉の側にいる吉保こそが、その悪令を将軍に進言し、出世をしたに違いないと攻撃されたのです。

しかし史実は、生きものを大切にせよ、と命じた将軍綱吉の言葉を拡大解釈し、忖《そん》度《たく》して、周囲が徐々に大事《おおごと》にしてしまったのですが……。

権力を誇る老中は、それでなくとも恨みを買うのが通例です。

水野忠邦《ただくに》や田沼意次は幕政改革を手がけた有能な人物でしたが、ほとんどが晩年に反対派に追い落とされ、寂しい最期を迎えています。

対して吉保は、綱吉の死後、静かに隠居しています。その差はどこにあったのでしょうか。

そもそも吉保は、館林藩《たてばやしはん》の藩士の妾《めかけ》の子でした。そこから最後は、老中より〝力〟を持つ側用人という、天下の最高権力者に近い立場にまで出世しました。百六十石から、甲府十五万一千石の大名になったのです。

封建制の時代は、身分は先祖代々のもので、簡単には上がりも下がりもしませんでした。そのなかでこれほどの出世を果たせば、嫉妬されて当然です。

しかし、吉保は人格的に大変優れていました。どれほどの「権力」を得ても、つつましい生活をして、人の意見をよく聞き、向学心も強かったのです。

短歌や俳句、漢籍の教養も身につけていました。将軍綱吉の御前で、明の使者が中国語で儒学の講義をした際、吉保だけはそのまま理解できたといわれるほどです。

吉保同様、将軍綱吉も勉強熱心な人物でした。三代将軍・家光の四男だった綱吉は、将軍になる順番としては四番目ですから、本来なら将軍の縁戚の一つ、館林藩主として一生を終えてしかるべきでした。

勉強家だった綱吉は、儒学、短歌、俳句などを身につけていきます。そこに、吉保が小姓としてついたのです。二人の年齢差は十二歳（ともに戌年《いぬ》）です。吉保は綱吉の、学問上の弟子となり、熱心に学び、綱吉もその努力を認めます。その後、四代将軍に後継ぎがなく、綱吉は幸運にも五代将軍となりました。このとき、館林藩の主《おも》だった家臣たちも幕臣に昇格し、大勢が江戸城に入ります。吉保もその一人でした。

独断をせず、周りを立て、意見を聞く

吉保の人柄の示す出来事として、文学の世界で描かれる「忠臣蔵」（正しくは、赤穂《あこう》浪士の討ち入り）での裁きを挙げてみましょう。

幕府には毎年正月に、朝廷からの勅使を江戸城で迎える儀式がありました。ところがあろうことか、この祝いの日に、城中の松の廊下で、播磨赤穂藩主の浅野内匠頭《たくみのかみ》長矩《ながのり》が旗本で高家《こうけ》の吉良上野介《こうずけのすけ》義央《よしひさ》に斬りつけたのです。

当時は今以上に、儀式が血によって穢《けが》されることを忌み嫌います。さすがに賢明な将軍綱吉も、「本日中に腹を切らせよ」と激怒したのもやむなしでした。

ところが二年後に、赤穂浪士が吉良邸への討ち入りを果たすと、綱吉は「主君のために忠義を尽くした彼らを、助けてやれぬか」と吉保に言い出します。〝忠義〟を重んじる中国の古典教養が言わせたのでしょう。

困ったのは、吉保です。

さすがに、敵討《かたきう》ちをした彼らを無罪放免にして、手柄を褒めたりしたら、それこそ幕藩体制の秩序が崩壊してしまいます。

とはいえ、罪人として打ち首にするのは、綱吉の意に沿えず、世論も黙っていないでしょう。

フィクションでは、悪役の吉保が「お上をないがしろにした不埒《ふらち》な奴ら、許せぬ」と息巻くように描かれますが、史実は違います。悩んだ吉保は、周囲の人々に意見を求めたのです。

しかし、色々な意見があり、ひとつにまとまりません。

困った吉保は、天台宗の高僧である公弁法親王《こうべんほっしんのう》に意見を求めました。すると親王は、こう答えたのです。

「今の彼らは、まごうことなき義士である。助命したい気持ちはわかる。だが、彼らがこれから先、ずっと自分の義挙の美しさを誇りとして、真面目な人生を歩めるだろうか。四十七人のうち、誰か一人でも晩節を汚すような行為をしたとすれば、せっかくの義挙や忠君の志も、かき消されてしまうかもしれない。ここは涙を飲んで、武士としての体面を保ちながら、死を与えるのも御仏《みほとけ》の導きではないだろうか」

吉保はなるほど、と納得しました。

「忠君の思いは見事である。しかし、勝手に私闘を行った罪は万死に値する」

この裁きなら、幕府の面目も保てるし、世論も納得する。なおかつ、将軍綱吉を説得することもできたのです。後世に、〝忠臣蔵人気〟を残すことにもつながりました。

吉保は、非常にバランス感覚がいい人物です。

権力者でありながら、「権力」を振りかざさず、皆が納得しやすいラインをちゃんと見つける努力をする人物でした。けっして、伝えられるような、独裁者ではありませんでした。側用人の領分を守って仕事をしています。

綱吉とダイレクトに話せる立場なので、独断でやりたい放題やろうと思えば、いくらでもできたでしょうが……。

たとえば、吉保の老中格という身分――老中に準ずる、という意味です。あくまでも老中のほうが上であるという意識を、吉保は持っていたのです。

だからこそ彼は、生涯、個人的に頼みごとをされても、「老中の方々に相談してみなければわかりません」と答えつづけました。老中をないがしろにして、独断専行をすることはなかったのです。

そのため、吉保の足を引っ張ろうとする敵はいませんでした。敵視して、何が何でもあいつを失脚させてやろう、と狙う人間は出てこなかったのです。

綱吉の死後、吉保は残務処理を済ませると、すぐに隠居しました。自分は綱吉の一代限りの側用人だ、と自覚していたのです。

それから悠々と五年間の日々を過ごし、病気でこの世を去りました。柳沢家は取り潰されることなく、明治維新までつづきました。

力を得ても、つねに周りに意見を求め、気をくばることを怠らなかった柳沢吉保。彼もまた、上司として見習うところが多い人物といえるでしょう。

部下に仕事を任せるのも上司の大切な仕事

部下に仕事を任せることも、上司の大切な仕事です。

いつまでも自分で何から何までやらず、部下の成長のためにも、徐々に重要な仕事を任せていく。これは、仕事を部下に押し付けるのとは違います。あくまで、部下のことを考えているのです。

日本の歴史上では、とくに徳川家康、西郷隆盛、大山巌《いわお》は部下に仕事を任せるのが上手でした。まず、家康を例にとりましょう。

彼は後継者である二代将軍の秀忠に対して、まずは江戸を任せました。最初から、日本全国を仕切れ、などとは言いません。

自分が駿府（現・静岡県静岡市）で大御所《おおごしょ》として目くばりをしながら、秀忠の手腕を見ています。ただし、江戸を任せた以上、どんな失敗をしたとしても、府内のことには一切批判をしません。

それをやってしまうと、周りが秀忠を軽んずる雰囲気が生まれるからです。失敗を経験することで、彼もそのスタッフも、どうすればうまくやれるか、を考えるだろうという気持ちで、家康は我慢しました。

上司はこの「我慢」「忍耐」が仕事です。

しかし、我慢できずについ、部下のやることに口を出し、自らやってしまおうとする人が、多いのではないでしょうか。

さて、家康は江戸の治政が軌道に乗ってきたのを見ると、次に関東一円を秀忠に任せました。さらに東日本、西日本と任せる範囲を段階的に広げていきます。

ただし、大坂城にいる豊臣家の問題だけは、家康自身の案件として、最後まで手許に残しました。

もし、秀頼を殺してしまえば、悪名が残ります。家康は後継者の秀忠ではなく、自分が悪名を被る、と決めていたのです。この問題だけは自分が解決するとして、大坂冬の陣・夏の陣に自らも乗り出し、実際に豊臣家の滅亡を見届けて、家康はその翌年、安心して旅立っています。

また、リーダーシップをもっとも発揮したのは、薩摩士道かもしれません。

薩摩のリーダーは、豪胆で勇気がある部分ばかりが突出して見えますが、部下に任せるマネジメントも一流、否、超一流です。

任せるといっても、自分が苦手なことを部下に任せているわけではありません。

西郷隆盛や、その従兄弟の大山巌には理数系の頭脳がありました。ちゃんと全体を数字で把握できたのです。

西郷は戊辰戦争で、今日はどれだけ弾薬を使い、どれだけ損害があったか、など算《そろ》盤《ばん》を使いながら、瞬時に数字を算出し、それを毎晩、睨んでいました。

任せるからといって、知らん顔をしているわけではありません。全体をリーダー自身が把握しているからこそ、任せられるのだと考えるべきです。

しかも、それを表に出さないのが薩摩流の将帥学《しょうすいがく》＝リーダーシップでした。

自分の手柄であっても、自分の手柄にしません。部下の手柄を自分の手柄にする上司に、部下がついていくわけがありません。失敗は上司の自分が被って、成功を部下に分け与えるリーダーにこそ、部下はついていくものです。

もし、そのために左遷されたとしても、西郷隆盛がそうだったように、今度は周囲や部下がきっと救いの手を差し伸べてくれるでしょう。他人は恩も怨みも、けっして忘れないものです。

追い込まれた部下の気持ちを察した東郷平八郎

上司の力量が明らかになるのは、仕事を任せた部下が追い込まれた場面です。

普段の言動は、いくらでも取り繕えます。人は誰しも追い詰められたときこそ、本性が露《あら》わになるものです。

ましてや自分の責任ではなく、部下が不祥事を引き起こしたとき——そこで慌てふためいたり、怒鳴り散らしたり、部下にすべての責任を転嫁して処分する人物は、〝一流〟とはいえません。

土壇場では、今までの人生で培ってきたすべてが出てしまいます。

歴史上には、戦争という人間の本性がむき出しにならざるを得ない局面があります。予想外の奇襲を受けたり、敗色濃厚になったりしても、毅然とした態度を取れるかどうか。上司は試されるのです。

部下は上司に生命を預けている以上、この人に従って大丈夫か。見限って敵についたり、逃げたりしたほうがいいのではないか、と常に考えているものです。

土壇場で見事なリーダーシップを発揮したのが、前述の薩摩士道でした。

西郷隆盛や大山巌、東郷平八郎といった薩摩隼人《はやと》が、明治維新、日清戦争、日露戦争で見せたリーダーシップは、本当に見事なものでした。

たとえば、日露戦争において、東郷平八郎率いる連合艦隊は、〝無敵〟と恐れられたロシアのバルチック艦隊を打ち破りました。

しかし、開戦以来、連戦連勝だったわけではありません。旅順《りょじゅん》港閉塞作戦では、機雷で〝トラの子〟の軍艦の、三分の一を失いました。非常事態です。

その際に、沈められた軍艦の責任者＝艦長が二人、東郷平八郎の部屋へ謝罪に訪れます。

読者《あなた》なら、どう対処するでしょうか。

東郷には、二つの選択肢があったでしょう。

感情を押し殺して、「気にするな。次に奮戦せよ」と言うか。

「とんでもないバカをやってくれたな」と激怒するか。

でも、東郷はどちらの態度も取りませんでした。

彼は運ばれてきた紅茶が二人の前に並ぶと、「紅茶が冷める。さあ飲みたまえ」と、ただそれだけを言ったのです。これだけ、でした。

二人は涙を流して、次の戦いでの生命懸けの雪辱を誓いました。

これこそが、将帥学の極みです。たったひと言で、決められるのです。

もちろん東郷とて、最初からこれほどまでに肝の据わった人物であったわけではありません。苦労を重ねて、連合艦隊司令長官にふさわしい、メンタルを磨いてきたのです。

東郷は、昔は手の付けられないヤンチャな人物でした。家にいた馬に尻を噛まれ、ブチ切れて、その馬を半殺しにしたほどです。そんな暴れん坊が、戦争を経るごとに将帥学を学んできたのです。

日露戦争では、陸軍の要・満州軍総司令官をつとめた大山巌のリーダーシップも、見事なものでした。

元々、大山は、長州閥の児玉源太郎の依頼で、総司令官を引き受けました。児玉は長州人らしく、秀才型で頭が切れます。自分で現場を仕切りたかったのです。だから、文句を言わない人を上に置きたかったのでしょう。

当時の陸軍のトップにはもう一人、長州藩出身の山縣有朋《やまがたありとも》がいましたが、彼は細かく指示を出すので、避けたい。そこで児玉は、大山にトップを頼みました。

大山は「わかった、全部、君に任せる。ただし、負け戦になったら、ワシが指揮を取る。それが条件だ」と承諾したのです。児玉は内心、大山閣下の出る幕はない、と思っていました。

そして、日露両国は開戦し、有名な二〇三高地での激戦がおこなわれます。日露戦争において、ロシア帝国の威信をかけた旅順要塞を日本軍が攻略した戦いです。

直接の指揮は乃木希典《のぎまれすけ》（長州）が差配し、ここでも大山は具体的な指揮を取りませんでした。

乃木に助言を与えて、勝利に導いたのは、児玉でした。実質的な戦闘は幹部に任せていて、大山の日課は、日の出を拝み、漬物を漬けることだけでした。戦地に人が訪ねてくると、「今日はうまく漬けたよ」と漬物を出したそうです。

ところがその後、ロシア軍の逆襲で日本軍が窮地に陥る場面がやってきました。

本部は大混乱《パニック》です。

怒号が飛び交う中、ふらっと姿を見せたのは大山でした。昼寝から目覚めたような表情で、彼は「朝から大砲の音がうるさいですが、どこかで戦闘でも始まりましたか」と尋ねたのです。

士官たちは、この人は呑気に何を言っているんだ、と思ったことでしょう。でも、そう思った瞬間に、皆の頭に上った血が、一気に下がったのです。冷静になれたわけです。

まさに、ひと言で急場を収めた大山の将帥学でした。

大山と東郷は、日露戦争の勝利に大きく貢献しましたが、それらは修羅場を何度もくぐってきた、切羽詰まった場面で、どうすれば皆の心を掴み、気持ちに余裕を生み出せるか、がわかっていたがゆえのものでした。

遡《さかのぼ》れば、幕末の鳥羽・伏見の戦いで、戦いの火ぶたを切る一発目を撃ったのも、若き日の大山でした。

目の前の幕府軍は一万の大軍。

まだ同盟の長州軍が到着していなかったため、薩摩軍だけでは三千しかいませんでした。絶対数で、三倍の開きがあったのです。

どうすれば勝てるのか——先制攻撃しかありません。

両軍の睨み合いが、しばらく続きました。

長州軍の到着を待つのか……。その時、大山は開戦のきっかけとなる一発目を発砲したのです。

戦力差で不利だった薩摩軍も、大山が撃ったために否応なしに開戦となりました。苦戦はしましたが、薩摩軍は勝ちます。

実はこの戦《いくさ》、幕府軍は鉄砲・大砲に弾を入れていなかったのです。万一、発砲すると、その先に京都、朝廷があり、〝朝敵〟とされる可能性があったからです。

しかし、大山はそのことを知りませんでした。

のちに西郷隆盛は、「あの時の一発は、生涯で最高に嬉しかった」とまで言っています。

誰も発砲しなかったら、睨み合いで終わって開戦にはいたらず、西郷も大久保利通も兵を出撃させた責任を取らされ、切腹させられていたでしょう。

実際、薩摩の勝利という連絡が京都に届く一時間前に、大久保は岩倉具視《ともみ》に「この戦は負けた。もう逃げるしかない」と手紙に書いていたほどなのですから。

鳥羽・伏見の開戦前の時点では、幕府と薩長のどちらが勝つか、まったくわからなかったのです。大山も東郷も、そんな修羅場をくぐって生きてきました。

もちろん、今の世では、生命のやり取りをするような修羅場を、くぐることはないかもしれません。

しかし、上司の判断が職場にとり、部下にとって重要なことはかわりません。

そんな時に、部下の気持ちを思いやり、やる気に火をつけるような判断、処置ができるかどうか。

それは、判断が正しい、誤りだということよりも、相手の気持ちを汲んだうえでの判断ができたかどうか、が大事なのです。それを知るには、自らも修羅場をくぐり、生還せねばならないかもしれません。

こんな身勝手な上司はイヤだ！

ここで紹介するのは、気くばりが足りずに失敗した上司の例です。江戸幕府最後の将軍である徳川慶喜と、関ヶ原の戦いで散った石田三成の二人を挙げました。ぜひ、反面教師にしてください。

困ったときだけ人を頼り、信頼を失った徳川慶喜

徹底した気くばりで二百六十年以上つづいた江戸幕府を創業したのは、徳川家康ですが、その幕府を終わらせた最後の将軍・徳川慶喜の敗因は、気くばりのなさと言っても過言ではないでしょう。

慶喜はけっして、凡庸な人物ではありません。明晰な頭脳をもち、政治家に必要な

権謀術数の才にも恵まれ、先見性も兼ね備えていました。決断力もあり、結果的に日本の歴史を大きく変えた功績もあります。

しかしながら、将軍慶喜はその力を十分に使い切ったとは言い難いでしょう。

当時の幕臣には、勝海舟、榎本武揚《たけあき》、小栗上野介《こうずけのすけ》忠順《ただまさ》などの逸材が揃っていました。

さらに、最新の海軍、陸軍も配下に持っています。

その政治力、軍事力を用いて、慶喜が東日本の大名たちを従え、全体の指揮を取ったならば、〝明治維新〟は別の形もあり得たでしょう。

そうならなかった大きな理由のひとつに、慶喜の人望のなさが挙げられます。

彼には、身分の高い人にありがちな身勝手さがついてまわりました。自分が困った時だけ人を頼り、形勢が変わると、手の平を返したように恩人に冷たく接する――そういうところがあったのです。

幕末、一橋時代の慶喜は、会津藩主の松平容保《かたもり》と伊勢桑名藩主の松平定敬《さだあき》とでスクラムを組み、難しい京都の政局を運営していました。

この政権を、〝一会桑《いっかいそう》〟と呼び、薩摩も長州も、土佐・伊予宇和島・越前福井などの雄藩も、皆、この〝一会桑〟に敗れたといってよかったでしょう。

にもかかわらず、時流が変わると慶喜は、会津と桑名を切り捨ててしまいました。西郷隆盛率いる新政府軍が江戸に迫っていることを知った慶喜は、松平容保と松平定敬の二人に対して、江戸城への「登城禁止」を言い渡したのです。ずっと協力してきた二人に対して、あまりに冷酷な仕打ちでした。

二人は、慶喜が大坂から江戸へ船で逃げ帰った際にも、行動を共にしていたにもかかわらずです。

明治時代後期に、東大総長となった会津出身の山川健次郎は、「徳川慶喜公は、非情な才物ではあったが、説を変えることもまたはげしかった」と証言しています。

もちろん、慶喜にも言い分はあったでしょう。そうすることが江戸を新政府軍の攻撃から守り、スムーズに新しい時代へと移行することができる、と考えたかもしれません。

しかし、裏切った相手へのフォローもなく、気くばりもありません。これでは、いくら正しいことをしたとしても、誰からも理解されないでしょう。

慶喜は、家臣は自分のために存在している、との考えがあったのかもしれません。頭のいい人が封建制の上の立場になった場合、こうしたパターンはよく見かけます。

現代でいえば、エリートの上司が部下を〝物〟のようにしか見ていないパターンが当てはまるでしょう。

ですが、困ったときだけ人を頼っていると、最後にはうまくいかなくなることは、慶喜の例が雄弁に語っています。

才能があったのに人間関係で失敗した石田三成

周りへの気くばりが足りず、人間関係で失敗したといえば、関ヶ原の戦いで西軍の主将をつとめた石田三成も思い浮かびます。

彼は太閤秀吉の亡き後、豊臣政権を守ろうと必死にがんばります。三成というと、太閤の寵愛を利用して、好き勝手にやった奸臣だと言う人さえいますが、それは史実から遠い創り話、大いなる誤解です。

秀吉の下で出世する人間は、基本的に能力が高く、まじめで律儀な者ばかりでした。血縁関係があると、福島正則、加藤清正のように多少は甘く見る秀吉ですが、三成は秀吉の親戚ではありません。

秀吉自身が、さんざん苦労して這い上がってきた人ですから、お世辞を言うだけで能力の無い人間は、すぐに見抜かれてしまいます。

三成は薄っぺらな人間ではないから、側近とされ、小姓から五奉行（政権の実務を司る職）にまで抜擢されたわけです。


そんなエリート中のエリートの三成ですら、関ヶ原の戦いでは失敗してしまいました。下馬評では不利と言われた、徳川家康率いる東軍に逆転負けを喫したのです。

その理由・原因こそ、彼のプライドの高さゆえの、人間関係のこじれでした。

たとえば、朝鮮出兵から帰国したばかりの福島や清正などは、地獄のような戦場を経験して、心身共にボロボロの状態でした。

そんな彼らに、三成は「ご苦労様でした。国許《くにもと》に帰って休養してください。一年後には茶会でもやりましょう」と声をかけたのです。

三成はけっして、二人を軽く扱っているつもりはなかったのですが、武将たちは怒りました。

「おまえは日本でぬくぬくとしていたくせに、生命懸けで戦ってきたオレたちへのねぎらいが、茶会をやる程度なのか」

これが人間の〝生〟の感情です。

三成にはこのあたりの、いわゆる空気の読めない面がありました。それに加えて、自分こそが大規模な計画を立てて、全国に船舶の手配をして、朝鮮半島から遺漏なく出征将兵を全軍撤兵させた、というプライドもあったのです。

常に自分の感情を優先しているから、相手の気持ちに気づくのが遅れ、気づけないことも多かったのかもしれません。

それが、関ヶ原の戦いでの惨敗を引き起こしました。

三成は、正義は豊臣家にあり、自分にあると思い定め、周りの武将も当然そう思っていると考えていました。

味方になってもらう際も、「皆さんも太閤殿下のご恩に報いる時ですよ」と、完全に上から目線で説得にあたりました。

でも、東軍西軍のどちらに正義があるかを判断基準にしていた武将は、ほんの一握りにすぎませんでした。

残りの九割の人間は、利害損得で動いていたのです。

この意識のズレは、致命的な結果を生み出しました。

西軍についた宇喜多秀家や島津義弘などが、「夜襲をかけましょう」と何度も提案したのに、三成は「夜襲は古来より、少人数で大人数に挑む戦法である。今回の場合はふさわしくない」と一刀両断して、進言を退けてしまったのです。

宇喜多も島津も、まごうことなき歴戦の強者です。提案を一蹴された彼らは、面白くなかったと思います。

本音では「おまえは戦が下手なくせに、なにを偉そうに言ってるんだ」と感じたでしょう。結局、島津軍は関ヶ原の本戦では、戦わずに静観しつづけるという選択をしました。

三成は正義は自分にあり、卑怯な手を使いたくない、という自分のプライドにこだわりすぎました。

日本史上最大の合戦の帰趨《きすう》は、三成の気くばりの欠如によって決まったといえそうです。

徹底的に自己反省をした徳川家康、手柄をすべて人に譲った松平信綱

トラブルが起きた時、ミスをした時、誰かのせいにしたくなりませんか？

仮にそうして一時的に難を逃れても、人間関係が悪くなることは避けられません。

日本史の偉人たちは、そのような時、どうしていたのでしょうか？

天下人・徳川家康の「自己反省」は、徹底していました。

彼には「しかみ像」と呼ばれる、有名な肖像画が伝えられています。

肖像画はふつう、きりっとした顔で、姿勢を正した姿で描かれているものですが、そこには頬杖を突いた家康が、疲れ切った情けない表情で

座っています。これまでこの絵は、家康自身が描かせた、と伝えられてきました。

もし、そうであるとすれば、なぜ家康は、このような表情で自分を描かせたのでしょうか？

伝承によれば、この絵を描かせたのは、三方ヶ原の戦いで武田信玄に完敗を喫した直後だったといいます。

上方に出て織田信長と決戦すべく、進軍してきた武田軍の前に、浜松城に立て籠って、立ちはだかった徳川・織田連合軍は、激情にかられ、無茶な出撃命令を下した家康のために、歴史に残る惨敗を喫しました。

元々、武田軍は攻城戦に時間がかかるとみて、家康を城から釣り出したのです。素通りすると噂を流し、家康の怒りを誘発させたのでした。

家康は自分の領地を、素通りされることが許せませんでした。

「人の庭先を、土足で踏みにじられて、みすみす見送るなど、武士の名折れだ」

絶対に迎撃すると言い張り、無謀な合戦を仕掛けました。結果、散々にやられて、味方を半分も失うほどの大損害を喫しました。

その家康本人が、生命からがら逃げ出して、その途中、鞍の上で脱糞するくらい追い詰められた、といいます。

家康は九死に一生、どうにか浜松城に戻りました。

そして彼は、敗戦直後の自分の姿を、絵師を呼んで描かせたというのです。事実ならば、家康は本当に凄い男だったといえるでしょう。

勝者が勝った自らの姿を残すことは数多くあります。ですが、敗者が自分の惨めな姿を絵にして残すなどということは、普通、考えられません。なるべく人目につかないように、真相を隠すのが、通常の感覚でしょう。

なのに現代でいえば、敗れた直後にカメラマンを呼んで、「今のオレを写せ」と命じたようなものなのです。

もし家康が、子孫に対して、自分の情けない姿を戒めとして残したのであれば、彼の猛省は日本史上一といえるかもしれません。

家康は大敗して悟りました。感情にかられての戦いは、けっして勝てるものではない。武田軍は強く、わが徳川軍は弱い。それでも乱世の中を生き残ってゆくには、自分のいたらなさを反省し、周囲の言葉に耳を傾け、独断専行をいましめなければならない、と。

もう一例を、歴史の中から紹介しましょう。

筆者は、江戸時代の人物で一番の人生の達人は、意外に松平伊豆守信綱《いずのかみのぶつな》ではなかったか、と思ってきました。

俗に、〝知恵伊豆〟と呼ばれ、三代将軍家光、四代将軍家綱の時代に、老中として活躍した人物で、島原・天草の乱を収めたのも彼です。

しかし信綱は、自らの誇るような功績を何一つ残しませんでした。むしろ、消していったと言ってもいいでしょう。

仕事ができる老中は、周りから嫉妬され、やがて失脚していくのが常ですが、信綱は「私はたいしたことをしていません。うまくいったのは、皆さんのおかげです」と常に周りを立てて、自分の功績を誇るということをしませんでした。むしろ、功を同僚に譲りました。

功を譲られたほうは、悪い気がしませんから、信綱に感謝こそすれ、恨むことはなかったでしょう。相手の気持ちもよくして、自分も恨まれずに済む。

部下の手柄を自分の手柄のようにいう上司の、世に多い中で、信綱のこうした周りへの気くばりは、頭が下がる思いがします。

第三章

気づかいが
できる部下は
誰からも愛される

あなたにとって、理想的な部下とは、どのような人でしょうか。

何でも言うことを聞く部下でしょうか？

しかし、それはどうでしょうか。最初はよくても、そのうち物足りなくなるのではないでしょうか。

理想は、上司と部下がお互いに高め合える関係だと思います。

そこには、前章で紹介した上司から部下への気づかいも必要ですが、部下から上司へのそれも大切になってきます。

信長が間違っていれば生命を懸けて反抗した秀吉

日本史でいえば、織田信長と豊臣秀吉の関係は理想的といえるでしょう。

信長のようなワンマン上司に、秀吉は非常にうまく仕えました。秀吉は信長によって、草履取りから織田家の五方面軍司令官の一人にまで引き上げられたのです。

しかし、秀吉の上司への気のくばり方は、ただご機嫌を取って、言うことをハイハイと聞いていただけのイエスマンではありませんでした。

ときには、生命《いのち》を懸けた抵抗もしていたのです。

まだ、木下藤吉郎と呼ばれた軽輩時代のことです。

当時、信長は隣国の美濃攻略に躍起となっていました。美濃を併合できれば、いよいよ天下が狙えます。

秀吉は大沢次郎左衛門という、美濃の国主斎藤家の、部将への調略を成功させ、織田家に寝返らせました。

これで信長に褒められる、と確信した秀吉は、意気揚々と大沢を信長のもとに連れていきます。

ところが、意に反して信長は、「このような裏切り者は信用できない、斬ってしまえ」と命じました。

秀吉は難しい選択を迫られます。主令に従えば、自分を信頼して味方になってくれた武将を、騙し討ちにすることになってしまいます。

事実をありのまま大沢に伝えれば、彼は二度と秀吉を信じず、場合によっては秀吉をその場で殺しかねません。

現代でも、形を変えた理不尽な命令が、上司から部下へ下される場面はあるでしょう。迷った末、秀吉が取った行動は次のようなものでした。

信長の裁可を待っていた大沢に、秀吉は、

「誠に申し訳ない。信長公からあなたを信頼できないから、斬れと命じられた。だが、私を信じてここまで来てくれたあなたに、そんな真似はできない。このうえは、私を人質にして国境《くにざかい》を越えてくれ」

と申し出たのです。

怒るかと思われた大沢は、秀吉の誠意と覚悟に感激します。

事情はわかった、とうなずいて、秀吉を人質にもせず、そのまま美濃に帰っていきました。

もし、信長の命令通りに大沢を処刑したら、道理が立ちません。すべてを投げ打って自分のもとに来た人間を騙し討ちにすれば、秀吉の信頼はガタ落ちです。

おそらく今後、秀吉の誘いに呼応する敵将はいなくなったでしょう。調略を得意とする秀吉にとっては、致命的です。

もちろん、主君信長の評判も落ちるでしょう。

秀吉は、大沢を理屈のわかる人間だと読み、自分の生命を差し出して詫びるという、誠意をみせました。

大沢は秀吉の真意を汲《く》んでくれたのです。自らが秀吉に付くことのプラスを、美濃の同輩たちに語り、寝返りをうながしたのでした。

一方の信長は、主君の命令に背いた秀吉を罰することができません。なぜならば、それ以上の結果＝多数の降参者を秀吉は出して、名誉挽回をしたのですから。

秀吉のとった行動は、一見、無謀でしたが、彼自身はもちろん、大沢や信長にとってもいい結果をもたらしました。

老将の自慢話を最後まで聞いた蒲生氏郷の部下力

秀吉もそうですが、上司とのコミュニケーションが上手かったのが、戦国の名将・蒲生氏郷《がもううじさと》です。

蒲生は、戦国時代——といっても、安土・桃山時代ですが、最強の武将だ、と筆者が思ってきた人物です。

なにしろ、蒲生は越後の上杉景勝、奥州の伊達政宗、関東の徳川家康という、三強者を押さえるため、要《かなめ》の地、会津若松を秀吉から任された人物でした。

精強な兵を率いる三強者が、不穏な動きを見せたとしても、蒲生がいれば問題ない、と秀吉は絶大の信頼を寄せていました。

なにしろ、戦上手の蒲生は、配下に戦国最強の軍団を従えていました。

というのも、彼は秀吉に「奉公構《ほうこうがまえ》」の者どもを雇う許可をもらっていたのです。

「奉公構」とは、強いけれども、素行不良や主君との対立で、大名家から追い出された武士に対する処罰でした。

性格に一癖も二癖もある彼らは、腕に覚えがあるから、主君を主君とも思わない態度を取ります。

腹立たしい大名たちは、豊臣政権が誕生すると、戦乱は遠のいた、と彼らを解雇するようになりました。

その際に、「こいつを新たに雇う大名家は、わが家にケンカを売ったと判断するぞ」と全国の大名に通達するのです。

大名たちは互いに、この「奉公構」を出し合い、そのため世の中には、他家に奉公できない名うての牢人があふれていました。

蒲生はそんな荒くれ者を、召し抱えたい、と秀吉に申し出たのです。

なぜ蒲生は、主君とケンカするほど気難しい連中を、わざわざ雇おうとしたのでしょうか。上杉・伊達・徳川の三家を抑えるには、ほかに方法がなく、自分ならば彼らをコントロールできる、と考えたからでした。

一つには、率先垂範です。蒲生は新しく雇う将士に、同じことを言いました。必ず「戦場では鯰尾《なまずお》の兜をかぶった武者に、遅れを取るな」と告げたのです。

この鯰尾の兜の武者こそ、蒲生本人でした。

彼は、自分は安全地帯にいて指示を飛ばすだけの主君とは違い、自ら危険な戦場の最前線に身を躍らせました。

口先だけの上司ではないので、荒くれ共も舐《な》めた態度は取れません。ましてや大将が率先して、先頭で働いているのですから、部下はそれ以上に働かなければなりません。万一、蒲生が討たれれば、家は改易となってしまいます。元々強い連中が集まっているうえに、忠誠心も高まります。蒲生家が強いのは当然でした。

蒲生は下ばかりではなく、上司とのコミュニケーションの上手さでも、光っていました。彼は、織田信長に非常に可愛がられました。愛弟子《まなでし》といってもいいほどです。蒲生が気に入られた証拠に、信長の子の中で最も可愛がっていた娘の一人を、蒲生は嫁に与えられています。元々、蒲生は人質として信長の許に来ました。その利発さゆえ、小姓のように信長の寵愛を受けました。

信長の許には、稲葉一鉄《いってつ》（西美濃三人衆の一人）など老将がときおり訪ねてきます。老将は昔話が好きで、この時の合戦にはこういう目に遭った。こうして切り抜けた、などと延々と話すのです。

ですが、老将たちは口ベタな者が多く、聞かされている若い連中の大半は、退屈でなりませんでした。

しかし蒲生だけは、興味津々《しんしん》、最後まで熱心に聞いていました。のみならず、時々質問をしたりして、相手が話しやすくもしています。

蒲生は自分ならどう戦うか、防ぐか、イメージしながら聴いていたのです。その副産物として、上司や戦上手の者たちには、どういう態度で接すればよいのかを学んだのです。

老将の稲葉は、「あの子は見どころがある。必ず名将になる」と蒲生について、太鼓判を押しています。

さらに蒲生は、信長がやらなかった学問にも積極的に取り組みました。

信長は学問をしなくても、野性的な勘で、全部の危機を切り抜けましたが、蒲生には学問の裏付けがあり、経験を上回る知識がありました。

上の者に気くばりをしながら、自らの力を蓄える。まさしく、上からみれば最強の部下といえるでしょう。四十歳で病死しなければ、その後の歴史は大きく変わったはずです。

不本意な異動でも前向きに捉えて努力した藤堂高虎

この人と決めた主君と出会えたら、どんな無理難題を言われても、従いつづけた戦国武将がいました。

第一章で紹介した藤堂高虎です。

彼は学がなく、身分も低い出自でした。しかし、身長は一メートル九十センチもあります。鎧兜をつければ、二メートルを超える偉丈夫。

戦国時代にこれだけ立派な体格をしていれば、合戦では目立つし、活躍もできたでしょう。

だから、若い頃は槍一筋で出世しようと奮闘しました。

戦場では必ず一番駆けをする。負け戦であれば、殿軍《しんがり》を務める。抜きん出た戦功を立てようと、十代半ばから戦い続けたのです。

高虎の初陣は、信長・家康と浅井《あざい》・朝倉連合軍との戦い、姉川の合戦でした。

高虎は浅井方についたため、敗戦。その後も、懲りずに浅井方の有力な部将に就職活動はしましたが、ことごとく上手くいきません。

相手も、高虎の活躍を評価して採用しようとします。が、高虎は自己評価が高いため、先方の提示するのが百石ぐらいでは納得できません。

転職をくり返している内に、秀吉の弟・秀長に出会います。秀吉が近江の大名になった時期でした。羽柴家のナンバー2として、秀長がいました。ここから、高虎の人生が開けていくのです。

二十歳前後の高虎は、初めて一千石の給与をもらえました。自分を高く評価してくれた秀長に対して、心から感謝したことでしょう。

ところがその秀長が、槍ではなく、「鉄砲隊の組頭をやれ」と命じます。

高虎を見込んでいたからこそ、彼が経験したことのない役目をあえて与えたのです。が、当時、鉄砲は足軽の扱う武器でした。他の一騎当千の武士ならば、己れのメンツにかけてこの鉄砲働きを拒否したでしょう。

でも、高虎は違いました。

彼は鉄砲について、一から勉強を始めたのです。

弾丸はどうやって飛ぶのか。火薬の詰め方はどうすればいいのか。立って撃つ場合、膝をつく時、伏せて狙う局面など、一通りの技能を身につけます。そして、鉄砲隊を率いて戦場でも活躍しました。

ところが、そうした高虎に、秀長はさらなる要求を突きつけます。

しかも今度は、「算盤《そろばん》（簿記）をやれ」というのです。つまり、兵站《へいたん》（武器や食料の補給）部門です。

いわば、裏方に回されたわけです。営業のトップだった人が、経理に回されるのと同じでしょう。本人としては、左遷された感覚になって当然です。

秀長はなぜ、このような仕打ちをしたのでしょうか。

彼は、高虎の将来を考えていました。やがては国持ち大名になる人材だ、と見込んでいたのです。

一国を動かす立場になった時に、戦場以外のことは何も知らない、では困る。だから、合戦に必要な多くの要素を学ばせなければならない、と考えたのでした。

企業でも、将来の幹部候補生には、若手の頃からいろいろな部署での経験を積ませるものです。

二 畑違いの部門に異動させられても文句を言わない

多くの人はクサるところを、高虎は言われた通り、算盤を学び、与えられた仕事を全うし、槍働きに加え、鉄砲、兵站の知識・技能を身につけていきます。

そのうち、個人の趣味として築城術にも興味を持ちました。

城の設計は計算ですから、算盤の知識も身についた彼は、覚えが早いわけです。槍働きをしていた時代に、どういう城が守りやすくて、攻めにくいかも体験していました。

さらに鉄砲隊を指揮したため、大人数をシステマチックに動かすという概念も修得済み。積み上げてきた体験すべてが使える築城術を、趣味で勉強し始めました。

のちに高虎は、無学の人であったはずなのに、築城術の名人と呼ばれることになります。家康から、主な徳川の城の縄張りを任されたほどです。

加藤清正も城作りの名人と呼ばれましたが、彼自身というより、加藤家の家臣に名人がいました。

高虎は、正真正銘の本人＝名人なのです。

身分が低い時には必死で勉強しても、出世するにつれて、フットワークが重くなる人は多いでしょう。でも、高虎は大名になっても自分から現場に入っていき、熱心に勉強をつづけました。

築城で言うと、穴太衆《あのう》（建設関係の技術者集団）の作業現場に行って、実地に一から学んでいます。


その後、秀長が亡くなって後継の秀保《ひでやす》が急死すると、高虎は秀吉に直接、仕えます。そして、伊予（現・愛媛県）で七万石の大名に出世しました。

秀吉も高虎の器量を見込んで、大事な任務を任せます。今度は水軍です。またも未知の分野でしたが、高虎は必死に勉強しました。そして朝鮮出兵の際には、日本軍が孤立無援になった時に、水軍を率いて救出する活躍をしています。

秀吉亡き後は、家康に仕えた高虎。

今度は、伊賀上野（現・三重県伊賀市）で忍びの集団を編成せよ、との命令を受けます。腕に覚えありの忍びたちですから、新しい主君の言うことをなかなか聞きません。

しかし高虎は、彼らを上手に手なずけて、大坂を攻めるための諜報活動や朝廷への工作に活用、見事に使命を果たしました。

まったく畑違いの仕事を命じられても、クサらずに、一生懸命やる。

当たり前のように見えて、じつは意外にできないことです。

そもそも上司は、部下の未来を考えて、そうした人事を行っていることも少なくありません。その期待に応えて、力をつけていくことが上司への恩返しになり、自分のスキルにもなるのです。

常に好奇心を持ち、未知の分野に軽々と飛び込む、そのことを楽しいと思って仕事ができれば、人間としてのスケールが大きくなり、対人関係を損なうことなく、理想的な上司と部下の関係が築けるのではないでしょうか。

上からも下からも人望があった丹羽長秀の存在感

「組織に欠かせない人間」とは、どんな人物でしょうか？

営業成績トップの人材？　経理部門を担う逸材？　新商品の開発者？

どれも違います。

右の人物は、いずれもそれこそ、よそから引っ張ってくることのできる人たちです。

つまり、替えの利く人材です。

本当に重要なのは、組織にあって上からも下からも人望がある人物ではないでしょうか。

こういう人物は、簡単には取り換えがききません。どんなに優秀な人間を他から引っ張ってきても、社内の人望を一朝一夕に築けるわけがないからです。

人望がある人物には、二種類あります。

まずはカリスマ性があり、人望が高い人。

武田信玄や上杉謙信、織田信長が典型です。ただし、こうした人物に全員が従うかといえば、難しいでしょうね。

個人の強烈な色が出るので、その色に染まることができる人間には惹かれますが、反発する人間も出やすい。どうしても、好き嫌いが出てしまいます。

謙信や信玄、信長には、一度は軍門に下りながら、謀叛を起こされた例が多いのも事実です。

ではもう一種類はというと、言っていることが正論で、公的についていかざるを得ない人物。

わかりやすく言うと、「あの人の言うことは一理ある」と言われ、言わせる人です。織田家の家老、丹羽長秀《にわながひで》はそういう人物でした。

長秀の存在価値を、見事に言い表した歌があります。

木綿藤吉《とうきち》　米五郎左《ごろざ》　懸《か》かれ柴田に退《の》き佐久間

藤吉郎（秀吉）は、木綿のように何にでも活用できる。

合戦をするなら，攻めるのが上手いのは柴田（勝家）、撤退戦をやらせるなら佐久間

（信盛《のぶもり》）だろう。そして、五郎左（長秀の通称）は米と同じで、〝なくてはならない存在〟だという意味です。

念のために付け加えておきますと、まだ滝川一益《かずます》や明智光秀が織田家にいない頃にできた流行《はや》り歌かと思われます。


とにかく、長秀は地味な人です。

丹羽長秀の活躍した合戦や有名なエピソードが、パッと思いつく人は、相当な歴史マニアでしょう。

織田家の重鎮でありながら、ほとんど知られていないのです。

にもかかわらず、長秀は組織にはなくてはならない、と思われていました。こういう潤滑油のような働きをする人がいる、組織は強いのです。

長秀に華々しい逸話がないのは、彼が自己の損得計算よりも、まずは織田家という組織の存続を優先して考え、行動したからです。

実は、長秀は信長の身内でした。

元々は斯波《しば》家という尾張守護代の下にあって、織田家も丹羽家も家臣でした。つまり、昔は同格だったわけです。やがて、信長の父・信秀が下剋上しました。長秀は信長より、一つ年下です。それが織田家の台頭により、十五〜十六歳で信長の配下になったわけです。

長秀の妻は、信長の庶兄・織田信広《のぶひろ》の娘ですが、信長が自分の養女にしてから、長秀と結婚させています。長秀は、信長の身内と言っていいでしょう。

さらに、長秀の嫡男・長重も、信長の五女をもらっています。二代に渡って信長の姻戚につらなった家臣は、ひとり長秀だけです。それだけ親しい主従関係を築き、長秀は織田一族に準ずる立場にもありました。

誰と組ませても好き嫌いを言わないから重宝される

長秀は自己主張をしません。功名心がない、と言ってもいい。

たとえば、信長が上洛して、朝廷に家臣たちの官位を上奏します。その結果、羽柴秀吉には「筑前守《ちくぜんのかみ》」、明智光秀には「日向守《ひゅうがのかみ》」の名乗りと「惟任《これとう》」の姓が与えられます。

当然、長秀にも「越前守《えちぜんのかみ》」や、九州の名門である「惟住《これずみ》」の姓を与えようとしましたが、なんと長秀は、「拙者は生涯、五郎左のままで結構」と断ったのです。

本来なら、信長はこういう家臣のワガママな態度を許しません。せっかく自分が朝廷に申し出て、賜った姓です。秀吉や光秀が同じことをすれば、烈火のごとく怒り、罰を与えたことでしょう。

ところが、長秀が断っても、信長は「仕方がないな」と苦笑いするだけでした。この信頼感は、絶大なものがあります。

長秀は目立たないように、組織を支えることに徹しました。

彼のことをそれほどたいした人物ではない、という人は、その理由として長秀が「方面司令官」になっていないことを挙げます。

しかしそれは、長秀が非常に使い勝手がいい武将だった証拠に他なりません。

特定の派閥を作らず、誰と組ませても文句を言わないため、総大将の信長には使いやすかったわけです。

「あいつとは反りが合わない」などとは、けっして言わない。「あそこのサポートをするのは自分にとって損だ」と私利私欲を口に出したりもしません。自分の出世を二の次にして、織田家にとってのベストな選択を長秀は心掛けました。

信長にとって長秀は、最高の部下であったかもしれません。

損な役回りと思う人もいるでしょう。ライバルが活躍するための、手伝いばかりをやらされているわけですから。

同じように生命懸けで戦っているのに、同僚や後輩の手柄になってしまう。それでも長秀は文句を言わず、命じられた戦場で、粛々と自分の役割を果たしました。

周りに気に入られようと気をくばっていた秀吉でさえ、北陸戦線のサポートに回された際には、不満を爆発させ、本来の担当者・柴田勝家と喧嘩して、勝手に兵を退いたことがあります。

長秀が縁の下の力持ちをつづけられた理由は、今風に言うなら「組織ファースト」

で行動した人だからです。だから、長秀には派閥意識がありませんでした。古参の柴田勝家や佐久間信盛は、秀吉や光秀に対して、新参者や成り上がり者と蔑んだ意識を隠せませんでした。

が、「織田家ファースト」の長秀は、有能な武将を正当に評価します。とはいえ、彼らの味方でもありません。完全なニュートラル、中立の立場です。

むしろ、そういう態度なので、野心家の秀吉にも慕われていました。

どんなリーダーの下でもやっていける強さ

秀吉が改姓した際の苗字が、長秀を慕っていた証拠です。

二人の宿老にあやかりたい、という意味で、丹羽の「羽」、柴田の「柴」を一字ずつもらって「羽柴《はしば》」と姓を改めました。

本来なら、筆頭家老の勝家の苗字を上にするべきなのに、次席家老の長秀の苗字を上にしています。明らかに、長秀によしみを通じたい、という気持ちの現れでしょう。秀吉の弟は秀長ですが、元々は長秀でした。しかし、丹羽長秀と同名は畏《おそ》れ多い、と秀吉に改名させられています。

それほどまでに秀吉は、長秀に気を遣っていました。

秀吉は、長秀が中立派でいてくれる限り、公明正大な判断、ひいては自分への支援もしてくれるだろうと考えていたのです。

その思いが実を結んだのが、有名な「清州《きよす》（清須）会議」でした。

本能寺の変で横死した、信長亡き後の織田家の後継者をどうするか、領土の分配についてては、と宿老が清州（現・愛知県清須《きよす》市）に集まって、話し合った会議です。

本能寺の変では、織田家の嫡男で当主であった信忠《のぶただ》も亡くなっていました。

そのため柴田勝家は、「三男の信孝《のぶたか》様こそが、当主にふさわしい」と主張しました。

しかし、信孝の上には、次男の信雄《のぶかつ》がいました。ただ、信雄は出来が悪く、織田家を背負う器ではありませんでした。そこで、三男の信孝を推したのです。

勝家は彼の烏帽子親《えぼしおや》（元服した際に烏帽子を被せる人）でもあったため、私情も大いにあったでしょう。

一方、秀吉が主張したのは血筋の正当性です。

「信長様、信忠様と直系の血筋で考えれば、三法師君《さんぼうしぎみ》（信忠の長男）こそ、織田家の当主にふさわしいのではないか」

勝家も意地になって、信孝を当主にしろと迫りました。議論が紛糾する中、秀吉は「腹が痛くなった」と中座します。

これで勝った、と勝家は思いました。このチャンスに決めてしまえばいい、織田家の親族代表の立場で参加していた池田恒興《つねおき》を含めて、丹羽長秀も自分の味方だ、と勝家は思っていたはずです。

ところが長秀は、「織田家ファースト」なので、秀吉の案に乗りました。

「秀吉の意見が筋目である。なおかつ、主君の仇・光秀を討ったのも秀吉だ。彼の言い分は尊重されなければならない」

長秀は秀吉と共に、明智光秀を討つべく、山崎の戦いに参加しています。筆頭家老の勝家が、兵を率いて京に来た時には、すでに光秀は討たれた後でした。

だから、長秀は堂々と正論を言えたのです。言われた勝家はグウの音も出ません。会議の流れは、一挙に変わりました。跡目は、三法師に決まったのです。

長秀が味方をしなければ、豊臣政権は誕生していなかったかもしれません。勝家に滝川一益、加えて長秀まで敵にまわれば、いくら秀吉でも天下は取れなかったでしょう。

その長秀は清州会議の後、秀吉が勝家に勝利してまもなく、胃がんでこの世を去ります。もし長秀が長生きして、豊臣秀頼を補佐していれば、豊臣政権は継続できた可能性もあるでしょう。

なにしろ、織田家の重鎮だった長秀ですから、他の武将への睨《にら》みが効きます。しかも人望があります。徳川家康が天下を奪うのは、難しかったはずです。

長秀のように、自分の利益よりも組織全体を考えて仕事をする――。こんな部下であれば、仮に豊臣政権ではなく、明智政権や柴田政権が誕生したとしても、長秀は生き残れたでしょう。誰とでもうまくやれるため、上司としてはぜひ、味方にしたい人物です。

ピンチです、助けてください、と素直に言える前田利家

上司から好かれた部下に、戦国武将の前田利家《としいえ》がいます。

彼は槍働きひとつで、〝加賀百万石〟の始祖になった人物と言われています。が、実は利家は、抜群に世渡りの上手い人でした。どういう意味かといえば、敵を作らないのです。

たとえば本能寺の変のおり、彼は北陸で上杉軍と戦っていました。

「信長死す」の情報を得た敵は、ここぞとばかりに勢いに乗って攻めてきます。その時、利家は上司である柴田勝家と、自らのライバルともいうべき佐久間盛政に、「頼むから、助けてください」と書状を送り、なりふりかまわず援軍を要請しました。

カッコ悪い頼みも、素直に言う。上司としては、こういう部下は可愛いいのでしょう。ライバルからすれば、コイツは俺と張り合えるレベルじゃないな、と安心してくれます。

しかし、そんなありがたい上司の勝家を、利家は賤ヶ岳の戦いで裏切ります。秀吉側に寝返って、陣を引き払い、領地に帰ってしまったのです。

利家の行為は、関ヶ原における小早川秀秋と変わりません。
でも、両者の評価はまったく違います。秀秋はいまでも裏切り者の代名詞ですが、利家は忠義者のイメージが定着しています。

なぜ、これほど評価が異なったのでしょうか。決定的であったのは、裏切られた勝家が、利家に恨み言を口にしなかったことです。

勝家が「よくも裏切りやがったな。おまえのことはあの世でも許さんぞ」などとわめいていれば、利家の評価も変わっていたでしょう。

でも、勝家は利家を許しました。

彼は戦に敗れ、自分の城に帰る途中、利家の城の前を通ります。利家の家臣は、「どうせ裏切ったのですから、勝家を城に迎え入れて、斬ってしまいましょう」と提案しますが、利家は「馬鹿を言うな」と怒りました。丁重に勝家を城に招き、一服させたのです。

そこで勝家は「又左《またざ》（利家）と秀吉の仲だから、これからは秀吉の下で功名をあげるといい」と言ってくれました。利家はこの言葉に、救われたのです。

柴田勝家が信長に頼み込んで許してもらえた

なぜか許されてしまう利家の人間性は、若き日の失敗の反省から、培われたものでもありました。

織田家に仕えていた二十代の利家は、ある意味、世の中を舐めた若者でした。〝槍の又左〟と異名をとり、合戦では手柄を立て、信長に気に入られていると調子に乗って、傾奇者《かぶきもの》の格好をして、領内をねり歩いていました。

前田家の四男で、気楽な身分です。十歳年下のまつと結婚して子どもも生まれ、万事順調でした。しかし、好事魔多し。

二十二歳のある日、笄《こうがい》を盗まれた利家は、短気を起こして盗んだ茶坊主と喧嘩した挙句、相手を斬り殺してしまいました。利家は、そのまま織田家を出奔します。

利家は、取り返しのつかない失敗をした、と青ざめたはずです。大いに反省もしたでしょう。牢人になった身のまま、織田家への復職を願いつづけます。

ですが、何度謝っても、激怒している信長は復帰を許してくれません。目をかけていた分、可愛さあまって憎さ百倍の気持ちだったのかもしれません。

そこで利家は、ひたすら織田家の合戦で〝陣借り〟をして槍を振《ふる》います。

陣借りとは、正式に雇われている兵士としてではなく、いわばフリーの立場で「織田軍として戦うこと」です。結婚して子供までいるのに、定収入のないまま、手弁当で利家は戦いつづけました。

それでもなかなか、信長の勘気は解けません。桶狭間の戦いに参加して、生命懸けで手柄を上げてもダメ。ただ、その必死な姿を周りは見ています。

ついに柴田勝家が、「又左の帰参をお許しください」と信長に頼み込んで、利家は織田家に戻れたのです。

約二年間の牢人時代が、利家を大人にしました。ほとほと苦労が身に染みたのでしょう。勝家に感謝し、人の優しさに頭を下げたはずです。

その後は、他人《ひと》のために生きることに徹したように見えます。

豊臣政権下では、実際、利家は多くの大名に頼られています。

福島正則や加藤清正をはじめとした武断派から、とくに慕われました。

たとえば、黒田官兵衛や奉行の浅野長政に相談に行くと、なにか弱みを握られそうだし、いつか秀吉に告げ口されるかもしれない。

でも、大老に列した利家には、そんな駆け引きをするイメージがありません。本来、彼には裏表がないのです。

利家の器量は、せいぜい十万石程度でした。信長も彼を重宝しながらも、石高はたいしたものを与えていません。利家にも、己れの価値がわかっていました。だから客観的に自分を見て、分不相応な野心は持ちません。そのため、秀吉にも家康にも警戒されませんでした。

利家は、人生の最初につまずいた反省を、のちのちまで活かした稀有《けう》な人物でした。一時の感情で動いたら、取り返しのつかない結果になる。解雇のきっかけになった同輩との喧嘩も、しっかりとした人間関係を築いていたら、深刻な揉め事に発展しなかったかもしれない。

そう考えた末、敵を作らない努力を重ねたのでしょう。

人を欺き、領地を奪うのが当前《あたりまえ》の乱世で、利家は珍しいかたちで成功を収めました。だからこそ、〝加賀百万石〟という実力以上の成果を手にすることができたのです。

周りがアドバイスしたくなる人柄、山内一豊の魅力

もうひとり、上司に可愛がられた例を紹介しましょう。

土佐藩二十四万石の藩祖である山内一豊《やまうちかずとよ》です。

一豊から学びたいのは、人がアドバイスをしたくなるような、可愛げのある人物であった点です。

いくら自分に、相手を受け入れる気持ちがあっても、相手が本気で意見を言ってくれなければ意味がありません。

山内一豊は、他人の意見を吸収するスポンジのような男でした。

「女房の尻に敷かれていた」と言われる人物ですが、強い男しか生き残れない乱世で〝恐妻家〟という軟弱なイメージでも生き抜くことができた彼は、視点を変えれば、すごい武将ではないでしょうか。

ちなみに、戦前の国定教科書に載っていた「妻の十両で名馬を買った」という内助の功の話は、完全なフィクション、ウソです。

しかし、原型となった史実はありました。

秀吉の配下にいた一豊は、手柄を立てるために、無理して郎党の数を増やした時期がありました。いわば、出世のための先行投資です。

ところが、彼自身が予想していたよりも早く、出陣が決まりました。秀吉の主君の信長は、電光石火で動きます。常人の想定を超えるからこそ、敵の意表をつけるわけです。

とはいえ、一豊にすれば兵が増えた分、いつもより食料や装備などの準備が間に合いそうにありません。

規律の厳しい織田軍では、軍備が整わないのに、参陣するなど許されません。下手をすれば、腹を切らされてしまいます。

そのとき、妻がヘソクリの黄金三両を差し出して、一気に問題を解決しました。この話がわかりやすく、名馬を買った話に変わったのでしょう。

名馬を買う創作のエピソードにも、一豊の人物像は伝えられています。

城から帰ってきた一豊が、「困ったなあ」と言って家の中をウロウロ歩いている。奥

さんがどうしたのか、と尋ねると、

「信長公の前で馬揃えをするんだけれど、できれば名馬に乗りたい。馬市場を覗いてみたら、これぞという馬が市にかけられていたのだけれど、とても買える金額ではない」

と素直に、打ち明けるわけです。

一豊は「うるさい、女は黙っていろ」なんて言いません。むしろ、奥さんに泣きついたわけです。

素直に打ち明けられた奥さんは、「実は嫁入りの際に、もしもの時にと言われて」と十両のヘソクリを差し出した、というのです。

一豊が妙な駆け引きをせず、素直に他人に助けを求められる人間だったことを、この逸話も伝えています。

アイデアを盗まれた相手も怒らない人柄とは？

戦場《いくさば》ではたいした手柄を立てていないのに、関ヶ原の合戦後に土佐一国をもらった話もそうです。

一豊は、家康が率いた上杉討伐軍が、石田三成の挙兵を聞き、西に引き返す小山評定《おやまひょうじょう》（会議）の席で、「私の城と領地を明け渡すので、徳川殿が存分にお使いください」と申し出ました。

この行いが、値千金だと家康から評価されたわけです。

そもそも東海道に領地を持っている武将は、中村一氏《かずうじ》、堀尾忠氏《ただうじ》、そして一豊など、戦上手な武将ばかりです。

秀吉はもし家康が謀叛を起こしても、京や大坂に上るのに時間がかかるように、と豊臣恩顧の大名でこの街道を固めていたのです。

関ヶ原の決戦前、武将たちは家康の家来ではありません。抗戦しないまでも、一人ひとりにことわりを入れて、城下を通っていては、神速果敢な行動ができません。

ところが、一豊が家康に申し出たことで、家康の判断で東海道を通過できる道が開けました。

一豊のひと言で、東海道の大名も軒並み、「我も我も」と城と領地を家康に差し出したのです。

これで東軍は何の障害もなく、東海道を進めます。西軍からすれば、完全に予想外のことでした。

関東にいる東軍が上杉軍と交戦に及び、挟み撃ちにできると思い込んでいたところが、東軍は上杉軍と戦わず、信じられないスピードで戻ってきたわけです。

ただし、このアイデアは、一豊本人から生まれたものではありませんでした。ありていに言えば、他人のアイデアを拝借したのです。

一豊の先輩格で、堀尾吉晴《よしはる》という大名がいますが、彼の息子である忠氏がこの時、上杉征伐軍＝東軍の一員として参加していました。

小山評定の当日、忠氏と一緒に会場へと向かう道中、一豊が彼に相談するのです。

「本日の軍議だけれど、徳川殿か、石田殿かどちらかにつかねばならないだろうが」

ひと世代も下の忠氏に、素直に教えを請う。これぞ、一豊の真骨頂です。

頼られた忠氏はいい気分で、「それは徳川殿につくべきですよ。次の天下人ですからね。私はそうします」と言う。しかも、自分には「秘策がある」と洩らしました。

忠氏は、「自分の城は浜松です。東海道沿いだから、城も領地も徳川殿に差し上げると言うつもりです。さすれば、大きな功として認めてくださるでしょう」と、つい一豊に自慢げに話してしまいました。

それを一豊は、小山評定で忠氏より先に、家康に伝えたのです。

しかし、一豊がすごいのは、このアイデアを拝借した、パクったことを、山内家の記録に堂々と書き残したことでした。他人のアイデアを盗用して、自分の功績にしたことを、悪びれずに書いているのです。

当時の感覚では、卑怯な振舞いではなかったからでもありますが、むしろ、好機を逃さず、モノにした、と自慢する意味合いが強く感じられます。

相手の堀尾も、「オレのアイデアを横取りしやがって」などと怒ったりはしていません。「してやられましたなあ」と笑っているのです。

これは、一豊の人徳でもあったのでしょう。

家康のためなら何でもやると決めた本多忠勝の覚悟

「家康に過ぎたるものが二つあり　唐《から》のかしらに　本多平八《へいはち》」

これは徳川家と戦った、武田家の部将が漏らした言葉です。

「唐のかしら」とは、明国産の高価なヤクの毛をあしらった兜のこと。そんな兜など、田舎大名の家康にはもったいない、というわけです。

それと同様に、本多平八ほどの武将も、もったいないと言っています。

もちろん、本多平八郎忠勝《へいはちろうただかつ》のことです。

合戦において、家康が最も信頼した部将が本多忠勝でした。

彼は十代から、家康の小姓として身近に接してきました。家康より六歳年下なので、家康は忠勝を弟のようにも感じていたかもしれません。

忠勝は初陣以降、家康が天下を取るまでの戦いのほとんどに参加しています。徳川家の先鋒を任されていた名将でした。

つねに最前線で戦う忠勝は、生涯五十七回の合戦に出て、一度も傷を負わなかったと言われています。

何度も死線を潜り抜けた忠勝が、なぜ、無傷でいられたのでしょうか。

その秘訣は、忠勝は絶体絶命の場面で、必ず前に出たからです。

まさに、「死中に活あり」です。もう自分はダメだと感じても、思い切って前に出ることで活路が開けたのです。

実際、徳川軍が武田軍に惨敗した三方ヶ原の戦いで、家康を逃すために忠勝は最後まで戦いつづけました。

武田の将兵からすれば、戦場に残って踏ん張っている忠勝を討てば、大手柄です。なのに、倒せませんでした。

彼がまったくひるまずに、逃げずに前へ前へと出てくるからです。

天下無双の武田軍とはいえ、死を恐れない生命懸けの相手は怖いものです。

躊躇なく前に出た者が勝つ——これは、喧嘩の鉄則です。どうしよう、こうしようと考えていては、敵に先手を取られてしまいます。

では、なぜ忠勝は、他の将兵が身をすくめるような場面で、ためらいなく前に出られたのでしょうか。

忠勝はいわば、〝家康教〟の信者だったからです。

三河武士であることを誇りに思い、自分は主君家康のために何をするべきなのか、何がベストか、を常に考え、判断する以外、忠勝は悩みを持ちませんでした。

人が考えたり、迷ったりするのは、どうすれば自分にとってベストなのか、を考え、そのうえで、できるかぎりリスクの少ない道を選ぼうとするからです。

その思考には、自身の様々な欲望や感情が介在するので、どうしても判断が遅くなってしまいます。

しかし、忠勝の判断基準はシンプルです。家康にとって、何がベストか。

そのためには、自分が傷を負ったり、危険な目に遭ったりすることは二の次です。

家康にとってのベストさえ見つかれば、即アクションに移ります。迷いなどが生じる、暇はありませんでした。

死を覚悟した姿に敵将・秀吉も涙を流した

その典型的な例が、小牧・長久手の戦いです。

家康が秀吉と正面からぶつかった〝天下分け目の戦い〟でした。

長久手で交戦中の家康軍に対して、秀吉が二万の軍勢で攻撃に向かいます。徳川軍は完全に、不意をつかれる形になりました。

小牧で戦っていた忠勝は、その報告を聞いて、たった五百名の兵を率いて、秀吉軍の前方に陣を敷きます。

勝敗は明らかです。いかに名将の忠勝といえども、全滅は避けられない状況でした。それでも、家康が引き上げるまでの時間稼ぎができればそれでいい、と忠勝は割り切って即断したのです。

その壮絶な覚悟がわかるので、敵将の秀吉は思わず男泣きをしてしまいました。

「死を覚悟して、主君の勝利をはかろうとするは忠勇至極。あたら、勇士を討ってはならぬ」

忠勝の一団に手を出さないように、と秀吉は自軍二万に命じます。

これは秀吉が、忠勝の情にほだされただけではありません。

目の前にいるのは、忠勝が率いる死を覚悟した精強な軍団です。しかも、全滅するまで一歩も退かない武士《もののふ》たちです。わずか五百名とはいえ、彼らを倒すために、秀吉軍がどれほどの犠牲を払うか、わかりません。そのことも、秀吉は考えたのです。

忠勝のおかげで、家康は時間を稼ぎ、勝って引き上げることができました。単なる主君の時間稼ぎのために、パッと死ねる。その覚悟がもたらした、勝利と言えるでしょう。

ただし忠勝は、常に無条件で、家康の思い通りに動いたわけではありません。本能寺の変の際、家康を冷静に諭したのも忠勝でした。

堺見物に来ていた家康一行は、信長が本能寺で討たれたことを知らされ、パニック状態に陥ります。

さしもの家康でさえ、うろたえました。なにしろ、ほとんど手勢をつれていない状態で、明智軍の真っただ中にいる状況になったのですから。

そこで家康は、

「同じ死ぬなら、裏切り者の光秀に一太刀浴びせよう。無理なら腹を切って、信長公のもとへ行こう」

と、言い出しました。

それを懸命に止めたのが、忠勝です。

「そんな死に方をして、何になりますか。今はどんなことをしても国許に帰り、軍勢を整えて、逆臣明智を討ってこそ、信長公も喜ばれるでしょう」

その言葉で我《われ》に返った家康は、有名な「伊賀越え」に気持ちを切り替えたのです。合戦となれば誰よりも勇敢な忠勝ですが、単に生命知らずの猪突猛進をする武将ではありませんでした。冷静に、合理的な判断を下す余裕をもっていたのです。

家康は感情が高ぶってしまうと、カーッと見境がつかなくなってしまいます。忠勝は、その家康のブレーキにもなれる存在だったのです。

五　たとえ家康の命令でも筋が通っていなければ従わない

忠勝は、筋の通らないことを嫌いました。

彼は十三歳で初陣を果たし、十四歳の時に初首を挙げました。

それは今川方の鳥屋根城《とりやね》（登屋ヶ根城《とやがね》とも　現・愛知県豊川市長沢町）を攻める戦でした。

叔父の本多忠真《ただざね》が、槍で敵兵を刺し、「早くこの首を取って、おまえの手柄にしろ」と忠勝に差し出します。

ところが忠勝は、「人の力を借りたら、武功になりません」と、それを断りました。そして敵陣に駆け入り、言葉通りに自力で敵の首級を挙げてきたのです。

また、こんなエピソードもありました。

関ヶ原の合戦の前に、真田昌幸《まさゆき》─信繁《のぶしげ》（俗称・幸村《ゆきむら》）の父子が、徳川秀忠率いる徳川軍三万八千に抗戦し、彼らを足止めにしました。

そのせいで徳川本隊が、結果として関ヶ原の決戦に間に合わなかったわけですが、家康―秀忠父子は、真田親子に切腹を申し付けました。

この時、真田家の長男である信之《のぶゆき》（前名・信幸）は、東軍に味方していました。彼は家康の許に、父と弟の助命嘆願に来ます。

しかし、家康は許そうとしません。

この時です、忠勝は敢然と信之に味方したのです。

信之は忠勝の娘婿でしたが、それだけが忠勝の荷担の理由ではありませんでした。信之という人物の人格や能力を買っているし、彼は徳川軍について働いたのだから、その功に免じて父と弟の死罪だけは許してやってほしい、と口添えをしたのです。

それでも、家康は許しませんでした。忠勝は「ならば、殿と一戦つかまつる」と叫んだというのです。

家康は驚きました。

さすがに許す、と言わざるを得なくなり、昌幸と信繁は紀州九度山《くどやま》（現・和歌山県伊都《いと》郡九度山町）への流罪で済ませることが決まりました。

たとえ、家康の言葉であっても、筋の通らないことは見逃さない。

盲目的に従うのではなく、主君にも主君としての筋を通すことを求めたのです。

もし、忠勝が味方せずに、信之だけで助命を願い出ても、父と弟は助からなかったでしょう。

現代においても、いつもいつも会社や上司に媚る必要はないのです。

自分のために、いい仕事をするために、会社や上司に対しても、真剣に向き合うことこそが必要だと思います。忠勝のような生き方も、上司といい関係を築く上で、大いなるヒントになるでしょう。

年下の秀吉に従い、本領を発揮した蜂須賀小六

それではこの章の最後に、蜂須賀《はちすか》小六《ころく》政勝《まさかつ》を紹介しましょう。

蜂須賀小六は、野伏《のぶせり》出身をウワサされる叩き上げの人物です。

暴れ者だけれど、秀吉との関係が長いため、運よく出世した人物だと思わがちな武

将でもあります。

でも、考えてみてください。

そんな粗野で、山賊の親分程度の人物であれば、巨大化する秀吉の組織の中で、中枢を占めるのは無理です。本当に小六が、合戦に少々強い暴れ者レベルであったならば、せいぜい足軽大将クラスで終わったことでしょう。

実際の小六は、優れた器量の持ち主でした。

合戦の強さはもちろん、敵との交渉、外交など秀吉の代理を務めることもしばしばあったほどです。

ここで、小六のキャリアを見ていきましょう。

ただし、彼の経歴は後世に作られたフィクションが多く混在しています。

たとえば、有名な秀吉との出会い――矢作川《やはぎ》の橋のたもとで寝ていた秀吉と、そこを通った小六が偶然に出会う。最初は喧嘩になりかけますが、すぐに意気投合。これは創り話です。当時の矢作川に、橋はかかっていませんでした。

さらに有名なのは〝墨俣《すのまた》の一夜城築城〟でしょう。秀吉と協力して、小六が墨俣川の上流から、あらかじめ組み立てられるように用意した木材を流し、それを拾いあげ、一晩で城を築いて信長や美濃の斎藤氏を驚かせた、という話です。これも根拠が薄弱で、真偽はたいへん疑わしいものです。

では、史実の小六を紹介します。

小六は二十代、三十代、完全な負け組に属していました。蜂須賀党の嫡男で、川並衆《かわなみしゅう》という、木曽川で運送を営む荒くれ者どもを率いていたとされています。小集団の頭領であれば、より強い相手と組まなければ、乱世では立ち行きません。

しかし、小六の組む相手は次から次へと討ち滅ぼされてしまいます。負ける側ばかりを選んでしまいました。美濃国の斎藤道三、尾張国の守護代である犬山織田氏、信長の弟の信行と、すべてダメでした。

いずれも信長の対抗勢力で、信長に滅ぼされていきました。

そこでようやく小六は、信長の配下になることを選びます。

小六が本領を発揮し始めたのは、秀吉と組んでからです。当時の秀吉は、まだ足軽から出世した程度でした。

小六は能力はあるものの、運に恵まれませんでした。秀吉は能力や運があって勢いもあるが、自分の配下に兵隊がいません。

蜂須賀党を率いる小六と、秀吉はお互いの足りない部分を補い合う、いいコンビとなったのです。


この時点で、秀吉を上司と認め、素直に従った小六は偉かったでしょう。彼は秀吉よりも十歳ほど年長です。兵を率いている親分であり、合戦経験も豊富で、腕力なら秀吉には負けません。

しかし、そうしたことはオクビにも出さずに、年下の秀吉に従っていきます。これはなかなか、できないことではないでしょうか。

では、なぜ小六にはそれができたのでしょうか。

彼は、自分は能力があるつもりなのに、これまで失敗つづきでした。これだと思う相手と組んでも、負けつづけてきました。自分には人を見る目がない、と痛感していたはずです。

秀吉は、小六が自ら選んだ上司ではありません。信長が選んだ人間です。だから、素直に従おうと思ったのではないでしょうか。自身を過大評価しないこの姿勢を、小六は生涯貫いていきます。

新規参入メンバーがやりやすいように気くばりする

小六は合戦をやらせれば強い――有名なのは、越前の金ケ崎《かながさき》の戦いです。

朝倉義景を攻めた信長が、同盟者であったはずの浅井長政に裏切られ、あわや挟み撃ちを喰らいかけます。

信長は電光石火で、撤退を決めました。

しかし、ただ逃げるだけでは、朝倉軍の追撃をふり切れません。そこで、織田軍を無事に撤退させるために、秀吉が殿軍《しんがり》を志願しました。全軍を逃がすために、踏みとどまりながら戦い、自身も退く役目です。

このときに秀吉軍の、さらに殿軍、つまり一番最後尾に踏みとどまったのが、小六でした。

彼が崩れたら、秀吉の生命も危ないし、逃げる途中の織田軍が後ろから襲われれば、大損害が出ます。この重要な役目を任されるほどに、小六は合戦の腕を信頼されていました。

彼は秀吉軍、ひいては織田軍の絶体絶命の危機を救ったわけです。

その強さは、信長にも認められていました。伊勢長島の一向一揆を相手に、小六が目覚しい活躍をした際には、信長が手ずから小袖や銭を与えています。秀吉の家臣に、信長が直接、褒美を渡すのはかなり珍しいことでした。

小六は秀吉の政権が大きくなっても、自分の存在を目立たせたりはしませんでした。

彼は、いわば豊臣家の創業メンバーです。最も長く秀吉と苦楽を共にした同志と呼んでいい存在でした。ナンバー2の座を要求しても、周囲から文句は出なかったでしょう。

でも、小六はけっして尊大な態度は取りませんでした。

むしろ、新規参入してくるメンバーに、細やかな気くばりを示したのです。

軍師の竹中半兵衛や黒田官兵衛に対しては、けっして功を競ったりしませんでした。意見を言う際も、「こう考えてみたのですが」と彼らを立てる形を取りました。

秀吉が天下統一を果たした時、長年の功に報いるために阿波一国を与えようとします。

ところが小六は、

「私にそんな才覚はありません。それなら息子にお与えください」

と願い出ました。小六の意向は受け入れられ、息子の蜂須賀家政が阿波の領主になります。小六自身は、大坂の近くに隠居料を五千石ほどもらっただけでした。

小六は生涯、自分を過大評価する愚を犯しませんでした。若い時に、自分はやれると思い、何度も失敗を経験したからです。

失敗を経てなんとか織田家という大企業の系列会社に入り、豊臣家という中小企業を大企業にのしあげたのです。

とはいえ、若い社員の前で「オレは社長とこの会社を大きくしたんだ」などという、ハッタリは口にしませんでした。脇で力を発揮する方が、自分に合っていると、悟っていたのでしょう。

周りに気を遣いながら、自分の仕事をしっかり全うする。

蜂須賀小六もまた、最高に良い部下と言えるでしょう。

こんな身勝手な部下はイヤだ!

気が利かないヤツだな、自分のことしか考えていない。

部下に対して、そう思うことがあるかもしれません。逆に、上司にそう思われているとしたら、すぐに改めたほうが得策でしょう。

日本史における反面教師は、福島正則と明智光秀の二人です。

自分を高く評価しすぎて墓穴を掘った福島正則

自分はこんなに働いているのに、上司が評価してくれない。自分のことが嫌いだからだ。いや、上司が無能だからだ。あんなヤツに、評価されたくはない……。

こんな不満を、読者《あなた》は上司にもっていませんか？

不満はどんどん蓄積して、やがて人間関係はギクシャクしていきます。軋《きし》みはじめた歯車は、やがて決定的な破局へと向かうものです。

日本史上で有名な例の一つが、戦国武将の福島正則と徳川幕府の関係です。

関ヶ原の合戦で、ＭＶＰといっていい活躍をしたのが、正則でした。彼は秀吉の従兄弟であり、その正則が「家康殿を支持する」といったから、東軍は勝利できたのです。

しかし、正則はその功績を自分自身で高く評価し過ぎて、自ら墓穴を掘ってしまいました。

元々、正則は豊臣政権を築いた功労者です。

恐れを知らず、日本号の槍を振るって、戦場では誰よりも先に駆けていく勇猛な武将でした。秀吉の数々の合戦で槍を振るって、一番槍、一番首をあげるほど、懸命に働きました。

ところが、その豊臣政権に陰りが見えます。秀吉が死に、翌年には大黒柱だった前田利家も亡くなりました。後継者の秀頼は、まだ幼児です。

この状況を見て、初めて徳川家康は、自分が天下人になれるかもしれないと考えました。

この時の正則の立場はどうだったか、といいますと、すでに合戦はあらかた片付き、正則のような武断派よりも、石田三成や小西行長のような文治派が重用されるようになっていました。正則は苦々しい思いでいたでしょう。

自分を可愛がってくれた秀吉も利家も、この世を去りました。下手をすれば、文治派からオレはお払い箱にされるかもしれない。正則は不安を抱いていました。そこですがったのが、家康です。

天下を狙う家康からすれば、豊臣政権の武断派と文治派の確執は、都合がいいわけです。

正則に対して、「ろくに槍も使えない連中に、偉そうな態度をとられたら、それは頭にくるだろう」と怒りを煽りました。

そして迎えた、関ヶ原の合戦です。

家康は、三成の人望のなさを知っていますから、嫌われ者の三成が兵を挙げたところで、せいぜい一〜二万の軍勢だろう、と甘く見ていました。

ところがフタを開けてみると、毛利輝元、宇喜多秀家、小早川秀秋、島津義弘と、大大名が次々に三成率いる西軍に荷担し、十万以上の大軍を形成してしまいました。

そうなると、徳川軍だけでは勝負にならないので、上杉討伐軍として率いていた十万の大名連合軍を、味方に引き入れなければなりません。

そこで運命を決したのが、前述の「小山評定」でした。

関が原の合戦で家康を勝たせたのはオレなのに…

今の栃木県小山市で、家康は諸将を集め、「これから引き返して、三成を討つ。おのおのがたは、いかがするか」と問いかけました。その場にいた大名たちは、豊臣恩顧の武将ばかりです。

次の天下人は家康がふさわしい、とは思っていても、いざ豊臣家との二者択一を迫られると、誰もが躊躇するのは当然です。

そのとき、いの一番に発言したのが福島正則でした。

「秀頼公の名をかたり、私欲で挙兵した三成は絶対に許せない。それがしは、徳川殿にお味方いたす」

戦場で鍛えた声で、正則は怒鳴るように言います。

この一言で、大勢《たいせい》は決しました。秀吉の従兄弟であり、〝賤ヶ岳の七本槍〟で名高い正則が、家康につくという以上、他の大名は何の気兼ねもなく、その後につづくことができました。これで東軍が誕生、西軍に引けを取らない人数が集まりました。

戦場でも戦果をあげた正則は、徳川家から大きな恩賞を賜ります。清州二十四万石から、安芸広島四十九万石と、領土は二倍以上になりました。

ここまでは万々歳です。正則は大きな実利を手に入れました。

しかし、この後がいけませんでした。正則の中に、「関ヶ原で自分が家康を勝たせたのだ」という思いが、強くなりすぎたのです。

「自分のおかげなのに、感謝が足りない」と徳川家への不満を抱きはじめました。

その後、幕府から名古屋城築城の工事を命じられ、正則は大いに不満を抱きます。

「家康公の城を作るのはわかるが、なんで息子の城まで手がけねばならんのか」

と愚痴るのです。

すると、傍らにいた盟友の加藤清正が、

「文句があるのなら、国許に帰って戦支度をすればよかろう」

とたしなめます。

そう言われると、正則も黙るしかありませんでした。本心では、幕府に従うしかない、とわかっていたからです。

ところが、そう諫めた清正のほうが、徳川幕府と合戦ができるだけの、準備をしていました。要害堅固の熊本城を築いて、豊臣秀頼に何かあれば、いつでもこの城へ招くことができる体制を整えていたのです。

もし、徳川家が秀頼に手を出すつもりなら、立ち向かう覚悟もありました。本気で考えている人は、安易に本心を口には出さないものです。

一方の正則は不満が顔に出るため、徐々に徳川家との関係が悪化していきます。それでも、彼には計算があったと思います。

「いざとなったら、清正も浅野幸長《よしなが》もおるし、勝負してもある程度はやれるだろう」くらいの気持ちです。

が、これは自分だけでも戦う覚悟のある清正とは違って、他人任せです。ですから、気が緩んで、ついつい愚痴が出たのでしょう。結果的には要注意人物として幕府から目を付けられてしまいました。

大坂夏の陣で、豊臣家が滅んで四年後。

正則は、幕府から広島城を無断修繕したとして詰問されます。台風による水害で破壊された広島城の、本丸や二の丸及び石垣などの、雨漏りや崩れを直した程度でしたが、許されずに信濃国川中島四万五千石に移されました。移封後、正則は嫡男忠勝に家督を譲って隠居し、出家しました。

徳川家に天下を取らせた、功績ある武将の結末としては、寂しいかぎりです。

主君・信長に対する秀吉と光秀の態度の違い

人間関係の難しさは、いい状態がずっとはつづかない、というところにあります。相手の気持ちが変わることも想定しておかないと、そのギャップに苦しみ、悲劇的な結末を招くこともあります。

その意味では、織田信長と明智光秀の関係は〝悲劇〟だったといえるでしょう。

もちろん、光秀が一方的に悪いわけではありませんが、立場の低い部下としては、この変化に慎重になる必要があったと思います。

信長が最も期待していた家臣は、ときの羽柴秀吉ではありませんでした。光秀です。一番評価していた光秀が、どうして信長を殺してしまったのでしょうか。

彼らには、とても幸せな蜜月時代がありました。

光秀は、柴田勝家や丹羽長秀、滝川一益、羽柴秀吉などの、いわゆる方面軍司令官の五人の中で、織田家に入ったのが一番遅い武将でした。

しかし、城持ち大名になるのは、光秀が最も早かったのです。しかも、京都を守る要所にある近江の坂本城と丹波の亀山城という、東西の二大拠点を任されました。それだけ信長は、光秀を信頼していたのです。

史実の光秀は、出自がかなり怪しい人物です。織田家に加わったのは、おそらく四十歳を過ぎてからでしょう。

それまでは諸国を放浪し、仕官先を懸命に探していました。当時はテレビも新聞もない時代ですから、彼が諸国を練り歩いて見聞してきた情報は、それだけで貴重なものでした。

室町式の礼儀作法にも通じていたため、信長にとって光秀の専門スキルは得難いものだったのです。

京都の朝廷や公家の権威は失墜しているとはいえ、室町幕府と共に、つなぐ人物が必要でした。

光秀はうってつけの人材——すぐに京都の行政官を任され、辣腕を振るいます。十五代将軍候補の足利義昭を擁し、軍勢を率いて上洛した信長は、スムーズに朝廷との意志疎通を図ることができました。義昭を将軍にすることも。

忠誠心という意味で、光秀は秀吉以上に信長に尽くしていたのです。

ドラマや小説において、光秀が信長に盾突いている場面をよく見かけますが、ほとんどがフィクションです。

たとえば、比叡山延暦寺の焼き討ちの際、光秀が「由緒ある寺社に火をかけるなど恐れ多い、仏罰が当たりますぞ」と信長を諫めたと言われますが、これは史実ではありません。

信長と光秀の険悪な関係を演出するために、ドラマや小説の世界では、信長が足蹴にするシーンまで描かれていますが、史実はまったく逆です。

むしろ、比叡山で一番多くの人間を殺したのが、光秀でした。だからこそ、その功績が報いられて、彼は比叡山のある近江の大津を領地にもらうことになるのです。

比叡山の焼き討ちから、多くの人を逃がしたのは秀吉です。

秀吉は信長のために粉骨砕身して働いてきましたが、この頃から信長のやり方に疑問をもつようになっていました。反面教師としたのでしょう。比叡山の焼き討ちも「女子供まで一人も逃すな」とは、やりすぎではないか、と。

実際、信長は自分に逆らう者が許せなくなっていました。

「このままでは、絶対に周囲から強い反感を買う。家臣の中に謀叛を企む者も出るだろう」

秀吉には、そういう未来が予想できたのでしょう。だから、自分は皆殺しにはしませんでした。「早く逃げろ」と、殺さずに積極的に助けたのです。

人間関係には賞味期限があることに気づけなかった光秀

一方、光秀は実直でした。

信長から言われたことを、一生懸命にやる。皆殺しにせよ、と命じられたら、その通りやったのです。

にもかかわらず、本能寺で信長を滅ぼしたのは光秀でした。その最大の理由は、人間関係の賞味期限に気づかなかったからでしょう。

二人の関係が良好であった時代には、光秀の提言に対して、信長は理解を示して採り入れることも多々ありました。

光秀のほうが年長であり、朝廷や幕府に関する知識・人脈は、信長よりはるかにありましたから。だからこそ信長も、光秀を重用したのです。

しかし、天下統一が現実のものとなってきた頃から、信長は万能感にとらわれ、自らを神格化して、崇拝の対象にすらしようとします。

信長の変貌に対して、光秀は批判的な意見を述べたのでしょう。でも、信長は聞く耳をもたなくなりました。

それどころか、武田家を滅ぼした後、「苦労が報われました」とつい口にした光秀を、「おまえ（ごとき）が何をしたのか」と打擲《ちょうちゃく》したのは有名な話です。

自分の全てを賭けて、実直に尽くしてきたのに、信長は変わってしまい、二人の主従関係はひび割れていきます。

そして光秀は、今までのような評価をされなくなりました。頑張っても報われず、疲れとストレスが蓄積するばかりでした。

光秀からすれば、信長はもはや自分を評価し、引き上げてくれた恩人ではありません。

彼の機嫌次第で、地位や領地など自分の全てを奪っていく暴君に変わったのです。精神的に追い詰められた光秀には、そのストレスを発散する場がありませんでした。

光秀のような例は、現代においても、優秀な人に多いのかもしれません。いくら実直に勤め、上司に従ったとしても、状況と共に関係性が変わることを意識しないと、ビジネスマンも光秀と同じような失敗をしてしまいます。

光秀は、信長との距離感の変化に気づけませんでした。いつまでも同じ良好関係だ、と勘違いしていたわけです。

長年の関係性に甘え、相手への気くばりや気遣いを怠ってしまった部分もあったのでしょう。その結果が、本能寺の変です。

人間関係は成功して共に階段を上っていく時よりも、頂上に近づいた時、あるいは階段を降りてくる時が難しいものです。

上司と部下として最高の人間関係を築いたとしても、いつか賞味期限がやってくるものなのです。

しかしその変化は、近しい人ほどわからないのは、当然かもしれません。

秀吉の気持ちの変化を読んだ軍師・竹中半兵衛

話のついでに、人間関係に賞味期限があることをよくわきまえていた例も紹介しておきましょう。乱世の天才軍師・竹中半兵衛です。

半兵衛は結核によって、三十六歳でこの世を去りますが、その直前に彼は、高野山に上がる準備を整えていました。

主君の秀吉による、毛利家の中国攻めが成功目前の段階です。この任務を果たせば、秀吉はさらに評価されて、信長から莫大な恩賞をもらうでしょう。功労者の半兵衛も、さらに出世していくのは明白です。

しかし、半兵衛は第一線を退いて、隠居をしようとしていました。なぜでしょうか。

彼は冷静に秀吉との関係を見つめていたからです。決してバラ色の未来が待っているとは、思えなかったのです。

そもそも秀吉を、上司に選んだのは半兵衛です。まだ木下藤吉郎だった秀吉は、ようやく頭角を現し始めたくらいの立場。そんな時期に半兵衛は、この人なら自分を活かせると見抜いていました。

半兵衛は美濃にいる時から、隣国の信長の器量を知っていました。ですが、彼に直接仕えれば、体が弱い半兵衛は身が持たない、と考えました。

筆頭家老の柴田勝家も豪傑を好む前線重視の指揮官ですから、前田利家や佐々成政《さっさなりまさ》など武に優れた部下を可愛がり、半兵衛は軟弱者として扱われかねません。

そんな中で、まだ身分は低かった秀吉の才能に目をつけ、この人なら自分をうまく使ってくれる、と見抜いたのです。

秀吉は出世意欲が旺盛で、そのためには自分を軍師として必要とするはずだ、と読んだのです。

しかも、互いの性質も似ている。頭脳で勝負する秀吉は、知略に長けた自分と相性がいい。

実際に半兵衛は、美濃攻略以降の織田家の合戦で、その軍略をいかんなく発揮しました。槍働きのできない秀吉が、合戦で大きな功績を上げつづけたのは、半兵衛の頭脳が支えたからです。

しかし秀吉が大名になり、織田家の方面軍司令官の一人になると、早くも半兵衛は身を退く準備を始めます。

秀吉との関係は、すでに賞味期限が切れかかっている、と感じたからでした。秀吉がこれ以上の出世をすれば、もはや半兵衛はそれほど必要ありません。

むしろ数多くの場面で、半兵衛に助けられた経験が、いつか秀吉の中で反転して、〝負の記憶〟になりかねません。負い目になるわけです。

そうなったら、「あいつはオレを出世させたのは自分だ、と思っているんじゃないか」などとネガティブな感情が生まれてしまいます。

黒田官兵衛への手紙を破り捨てた半兵衛の気づかい

半兵衛の見切りの良さは、同じく秀吉の軍師だった黒田官兵衛と比べると、よりわかりやすいかもしれません。

秀吉を支えた二人の軍師――半兵衛と官兵衛。半兵衛のほうが、官兵衛より二歳年上です。病気がちで控えめの半兵衛に比べて、官兵衛は上昇志向の強い武将でもありました。

秀吉は毛利攻めの際、姫路にいた官兵衛を味方に引き入れるため、盛んにアプローチしました。秀吉は心を込めた手紙を官兵衛に送り、物を贈って機嫌を取ったりしています。

〝人たらし〟の天才である秀吉は、臆面もありません。「おまえを弟のように思う」などの美辞麗句を並べ立てます。

手柄を立てて、名馬を手に入れると、「今回の功労者はおまえだから、この馬はおまえのものだ」と官兵衛に与えました。ついには、「おぬしと私は義兄弟だ」とまで手紙に書いて寄越したのです。

ある時、半兵衛と官兵衛が語り合った際、秀吉からの手紙を官兵衛は自慢げに、半兵衛に見せました。

「筑前様（秀吉）はこんなことを私に言ってくださいました」

その手紙を手にした半兵衛は、無言のまま、その手紙をビリビリと破いて、目の前の火にくべてしまいました。大事な手紙を焼かれた官兵衛は血相を変えて、「なにをするのですか」と怒りました。

すると、半兵衛は静かな口調で、「あなたのためです。こんなものをいつまでも持っていたら、絶対にロクなことにはなりません」と言ったのです。

「──今はいいでしょう。でも、情勢が変わったらどうしますか。お互いに苦しい時は力を合わせられるのです。でも、成功した時に、人はいつまでも同じ人間関係ではいられません。その時、あなたはこの手紙を読み返すでしょう。昔はこんな関係だった。出世できたのはオレのおかげなのに、と。不平不満を抱いて、秀吉様に対してあらぬ考えを抱きかねない。義兄弟と書かれたこんな手紙があれば、必ずそうなるでしょう。だから、もうそんな手紙はないものと思いなさい。昔と今を割り切って考えなければいけません」

と諭したのです。

実際、半兵衛自身も秀吉からの手紙をすべて処分していました。

半兵衛の舅で、昔の上司だった安藤守就《もりなり》は、謀叛をたくらみ信長に粛清されました。美濃攻めの時に、「あんなにオレの力を必要としたくせに、今は扱いが悪い」と不平不満を募らせたのがはじまりでした。

利害で結びついた関係が、永遠につづくわけはありません。人間関係は、時を経れば必ず変化する、と半兵衛は知っていたのです。

周りの気持ちを明るくした高橋是清、使用人にも頭を下げた岩崎弥太郎

戦前に大蔵大臣を六度務め、総理大臣をも経験した高橋是清《これきよ》――。

二・二六事件で暗殺されてしまうのですが、当時の国民には「ダルマさん」と呼ばれ、愛された人物でした。

ダルマは是清の顔が丸く、いつも笑顔だったことからつけられた、あだ名です。

彼は、たたき上げの人物でした。幕末、仙台藩の足軽の家で育ち、そこから実力で這い上がっていきます。アメリカに留学した際には、語学力が低かったため、奴隷になる契約書にサインをしてしまい、売り飛ばされた経験までありました。

是清は大学の先生、官僚などを歴任するのですが、ペルーの銀山を発

掘するというサギ話に乗せられ、すべてを失ってしまいました。

その後、四十歳近くで日本銀行で働くことになるのですが、猛省した彼は、「自分は銀行のことは何もわからないから、丁稚奉公からやらせてほしい」と頼み、日銀のいわゆる建築現場の監督からスタート。それでも最後には、日銀の総裁までのぼり詰めました。

偉ぶらず、一から下働きをする。しかも笑顔で、周りへの気遣いも忘れない。

上司としては頼もしい部下であり、だからこそ複数の総理の下で、何度も大蔵大臣を務めることができたのでしょう。


たたき上げとして力を発揮したのは、今の〝三菱〟の創業者・岩崎弥太郎もその一人です。

彼の出自は、土佐の地下《じげ》浪人です。藩士から差別を受ける郷士の、そのさらに下に位置する身分でした。

地位もカネも何もない弥太郎は、それらをもつ人と組めばいい、と発想を転換。

土佐藩時代は指導者である吉田東洋や後藤象二郎《しょうじろう》、その後は人脈豊富な土佐海援隊の坂本龍馬、明治になってからは新政府の宰相・大久保利通の下で、馬車馬のごとく働きました。

人と同じ仕事をしていては、出世はできません。失敗したら死罪になるのを覚悟で、藩直営の商館の立て直し役を買って出たりしたこともありました。

その働きぶりは目を見張り、いずれの上司のもとでも評価されたのです。

猪突猛進でたたき上げの弥太郎でしたが、自分の下で働く元武士たちにはこんなことを言っています。

「得意先の使用人にも、挨拶をしなければいけない。人に頭を下げるのがつらいのならば、お金に頭を下げていると思えばいい」

商人たるもの、相手への気くばりが重要なのはいうまでもありません。でも、昨日まで武士として生活してきた者には、それができません。な

らば、こうしたらどうか、とアドバイスをおくってあげるべきではない
でしょうか。

第四章

最高の人間関係が
最高のチームをつくる

読者《あなた》の職場は、チームワークがうまくとれているでしょうか。

お互いを高め合うような人間関係ができていれば、おのずと結果はついてきて、チームの成果は上がるものです。

しかし昨今は、職場の雰囲気が悪い、人間関係がよくない、皆の気持ちがバラバラだ、などという声をよく耳にします。

これでは、チーム一丸となって、いい結果を残すことなどできないでしょう。

では、日本史を振り返ったとき、どうやって強いチームを作ってきたのでしょうか。

早速、好例を紹介しましょう。

ボーイスカウトのように見えた薩摩藩の結束力

強いチームとして、まず挙げるのは薩摩藩です。

薩摩では、「チームの決定に従う」ことを徹底していました。

勘違いしてほしくないのは、「リーダーの決定には従う」ではなく、「チームの決定」に従うのです。

幕末の薩摩藩の組織作りを見た欧米人は、「まるでボーイスカウトのようだ」と表現しています。もちろん、大人の集団ではない、という意味ではありません。

野外で活動する時、あるいは未開の地を拓いていく時に、薩摩藩はリーダーが率先して動き、メンバーは無条件でそれに従っていました。その構図を見た海外の人々には、「ボーイスカウト」のように見えたのでしょう。

とはいえ、メンバーはリーダーに絶対服従しているのではありませんでした。

薩摩藩では、チームの方針を決めるプロセスに、各メンバーが参画します。メンバー同士が意見を出し合って、徹底的に議論をします。

そのうえで、チームとしての方針が決定したら、あとはその実現に向けて全力を尽くすのです。

薩摩では、これを「議《ぎ》を言うな」と称しました。

皆でやると決めたことに関して、あとになってから理屈や文句を言うな、という意味です。決定事項、チームの方針には従い、全身全霊で目的を達成する。

その代わり、議論はとことんやります。「オレはこう思う」「それは違うだろう」と、薩摩藩士は意見をぶつけ合います。でも、最終的に決まった後は、自分は反対意見であろうと、その方針で動くのです。

これぞ、強いチームの原動力です。

重要なのは、どれだけ密度の濃い話し合いを、事前にしたかです。

会議の席で、上司から「意見があれば、遠慮なく言ってほしい」と促された時、しっかりと、自らの意見を述べているでしょうか。口を開く人は、少ないのではありませんか？「〇〇君はどう思うんだ」と指名されると、「部長の意見に賛成です」と議論にならない発言をする場面も、多いのではないでしょうか。

本気で活発な議論を望むのなら、上司、議長は「反対意見を言え」と促すべきです。

そこまでやらなければ、不完全燃焼のまま、プロジェクトに参加する人間ができてしまいます。反乱分子や不協和音を抱えたまま、チーム一丸となって前に進むことは不可能です。

そうでないと、居酒屋に行って「じつはオレは反対だ」とか、「部長のプランは失敗すると思うな」と吐き出すメンバーが出てきます。このような状態では、強いチームワークが生まれるわけがありません。

坂本龍馬の亀山社中は全員給料が同じだった

チームとして結束が弱いのは、それぞれの目的意識が異なるからかもしれません。ある人は成果を上げて出世したい、でも他の人は最低限の働きをして、しっかり休みをとりたい……。

これでは、一丸となるのは難しいでしょう。

最初から「同じ目的意識」を抱いた同志を集めて、チームを作れば、ベースが共有されているので、強い組織に育つかもしれません。

坂本龍馬の「亀山社中」は、この同志的結合を通しつづけました。

亀山社中の給与は、全員同じです。

各メンバーは龍馬の家来ではありません。龍馬がリーダーであったとしても、もらう給与は皆と同じでした。

そのかわり亀山社中では、抜け駆けは許されませんでした。

メンバーの近藤長次郎がひとりだけ、ヨーロッパに渡ろうとしたおりには、切腹をさせられました。あくまでも対等なので、誰かが個人の利益を追う行為は許されなかったのです。

幕末の長州藩も、主従関係というよりは、イデオロギーによる同志的結合のほうが強い組織でした。学生さんの集まりとも言えます。同じ理想を語れる仲間が集まって、ワイワイガヤガヤやっていたイメージです。

一見、緩く見えるチームが、どうやってまとまっていたのでしょうか。

同じ志をもつグループには、つねに兄貴分的な存在がいました。高杉晋作や久坂玄瑞《げんずい》です。

彼らが亡くなると、次は桂小五郎（木戸孝允《たかよし》）が兄貴分になる。気に入らなければ、伊藤博文や山縣有朋のようにサッと逃げてしまう。チームには厳しい法度もないし、強い親分もいません。

当時の長州のオーナー＝藩主毛利家の当主でさえ、絶対的なリーダーではありませんでした。

なにしろ、断定的な態度を取れば、暗殺される危険があり、勤王派、佐幕派の両方にいい顔をしなければなりませんでした。

そのため藩主の毛利敬親《たかちか》は、家臣から何を言われても「そうせい」「そうせい」としか言わないため、〝そうせい侯《こう》〟などと陰口をきかれていたほどです。

もちろん、現代社会でも、よほどの見識や考えもなく、「そうせい」「そうせい」では、リーダーとして困りますが、同志的結合の意識を保つ場を設けることも必要でしょう。

おりに触れて、「オレたちは同じ夢をもつ者同士だ」と口にするのです。

打ち上げでは必ず、「ありがとう。君のおかげだよ。一緒にやれてうれしかった」と声をかけます。

それだけでチームワークは、グッとアップするはずです。

昼行燈と言われた大石内蔵助の隠れたリーダーシップ

よく経営者が、「全員野球で頑張ろう」とか「全社一丸となって――」とハッパをかけ、全員参加で目的を遂行する意識を持たせようとします。

しかしながら、これほど価値観の多様化した時代に、同じ職場にいるという理由だけで、全員の意識を同じ方向に合わせるというのは、至難のことです。

しかも、「黙ってオレに付いて来い」などというリーダーシップは、きわめて発揮しにくい現代です。

歴史上では、赤穂浪士の大石内蔵助良雄《くらのすけよしお》（よしたか、とも）がユニークなリーダーシップを発揮しました。

彼はいわゆる、『忠臣蔵』四十七士のリーダーです。

ただし、赤穂浪士の討ち入りは、ドラマや映画で伝えられてきたような内容＝「忠臣蔵」ではありません。

史実の浅野内匠頭長矩は、吉良上野介義央に斬りつける際に、「この前の遺恨、覚えたるか」と、たったひと言しか発していませんでした。取り押さえられたのちの、取り調べでも、「思うところがあってやった」とのみ供述、確たる理由を述べていないのです。

ゆえに、劇作者、小説家などがさまざまな想像力を働かせる余地があり、フィクションの題材にしやすかった面があります。

浅野家が塩田《えんでん》の秘訣を、教育係の吉良上野介に教えなかったとか、渡すワイロが少なかったとか。

結果、機嫌を損ねた吉良から、接待のルールを教えてもらえずに、浅野内匠頭は混乱して刃傷に及んだ、とか描かれていますが、これらはすべてウソです。

そもそも内匠頭が、勅使《ちょくし》饗応役《きょうおうやく》を務めるのはこのときが初めてではありませんでした。二回目です。

しかも、勅使饗応役というのは、配膳をしたり、掛け軸の指示をしたりする役ではなく、単に勅使饗応のためにかかった費用を負担する係に過ぎませんでした。細かい段取りには、それぞれの担当者がいます。こういう精進料理を出しますとか、こんな掛け軸を用意しますとか、それぞれの役目の人間が準備を整えていました。勅使への料理に至っては、江戸到着の二か月前にすでに献立はできています。浅野家の侍が、張り替える畳を間違えて、夜中に右往左往するなどということは、百パーセントありえなかったのです。

理由はともかく、内匠頭は松の廊下で上野介を斬りつけて傷害事件を起こしました。勅使を迎えている大事な日なので、幕府も事なかれ主義で穏便に済ませたいわけです。だから内匠頭に、「乱心したのであろう」と水を向けます。

もし内匠頭が一時の乱心でした、すいませんでした、と頭を下げていれば、赤穂藩は取り潰されたとしても、浅野家を何らかの形（旗本として）で残すことができたでしょう。弟の大学は幕臣に取り立てられたはずです。

にもかかわらず、内匠頭は「私は間違っていない。悔いはない」と言い張ったために、幕府側も温情をかける余地がなくなってしまいました。

そもそも、今回の勅使は、五代将軍・徳川綱吉の母・桂昌院《けいしょういん》に「従《じゅ》一位」の官位を与えるための、朝廷からの使者でした。空前の高位授与です。

そのような晴れの式典、将軍をはじめ江戸城をあげて、謹んで勅使を迎える大切な日を、血で穢《けが》すなど断じて許されることではありませんでした。

即日、内匠頭に切腹が命じられました。

しかも、情状酌量《しゃくりょう》の余地はない、と大名としての扱いをまったくせず、屋内ではなく、庭先で刑は執行されたのです。

一報を受けた赤穂藩浅野家は、大混乱となります。

そこで、リーダーシップを発揮したのが、筆頭家老の大石内蔵助でした。

それまでの彼は、〝昼行灯《ひるあんどん》〟とバカにされる存在でした。昼間に行灯をつけても、意味がない。同じように、役に立たない人と見られていたのです。

本人もやる気がないのか、連日、茶屋に行って、女性と酒を飲んで遊んでいました。

家臣からは、「筆頭家老はいいご身分だよな」と陰口を叩かれていました。

そこへ、青天の霹靂《へきれき》、浅野家断絶の達しです。

ここで一旦、実際に討ち入りした四十六名の内訳を見てみましょう。

浅野家の家臣は、当時二百七十名ほどでした。討入りした四十六名の赤穂浪士を三つに分けると、家老クラスは大石だけです。

次に馬廻りと呼ばれる、合戦で大将（藩主）を守る侍が十九名程度。

それ以外の過半数を占めたのは、身分の低い侍たちでした。彼らはそろって藩主に目通りする資格がなく、殿様の顔すら見たことがありません。

なのに、討ち入りをしました。彼らを突き動かした動機は、何だったのでしょうか。人は可愛がってもらったり、恩義がある人のために、体を張ることはあります。しかし、そんな境遇になかった人々が、赤穂浪士の大半でした。

筆者は〝男伊達《おとこだて》〟の世界だったと推察しています。わかりやすくいえば、「親分をやられた。こっちも相手のタマをとらなきゃ、メンツが立たない」という任侠道に近い感覚です。

大多数の浪士は、己れの面子《めんつ》のために討ち入りしたわけです。

「殿様を殺されて、泣き寝入りしたら男がすたる」といった気持ちです。

つまり、吉良上野介を討つという目的は一緒でも、四十六名のメンバーの思惑は、複雑に入り混じっていました。動機がバラバラの連中を束ねて、一つの目的に向けるのは至難の業——。

それをやり遂げたのが、大石内蔵助です。

それぞれ考えが違うメンバー一人ひとりに寄り添う

主君の仇を討つ、という武士の筋を通さねばなりません。一方、男伊達の世界で血気にはやっている連中の面子も考える必要があります。

とくに内蔵助は、彼らの軽挙妄動を止めるのに苦労しました。バラバラに討ち入りされて、各個撃破されたら、それこそ赤穂武士は世間の物笑いです。吉良家も襲撃を警戒して、守りを固めています。

そこへ鉄砲玉のように、生命はいらぬ、と単独で乗り込むのは、〝飛んで火に入る夏の虫〟で、返り討ちにあえば赤穂武士の名折れとなって、世の中に笑われてしまいます。やるからには、チーム一丸となって、最高の形で遂行し、成功させなければなりません。さて、どうすればいいのでしょうか。

内蔵助は幕府の面子も立てる努力をしています。内匠頭の弟・大学を後継者として、浅野家を復興してください、と頭を下げています。

しかし、事情が事情です。その道が完全に断たれたこともあり、討ち入りするしかない、と一応の手順を踏んでいるのです。

大石は、当時としては珍しい武辺者《ぶへんもの》でした。

余談ながら、戦争のない時代＝無事泰平をスローガンとした世の中にあって、内蔵助は三十四歳のおりに、わざわざ四国の高松までいって、剣術東軍流の師範・奥村無我《むが》に、改めての剣術修行を願い出ています。きわめて、異例の行動でした。

おそらく内蔵助は、平和な時代、役に立たない人だったのでしょう。そのまま、家族や同僚に評価されることなく、一生を終えていたかもしれません。

しかし、時代遅れの自分、日の目を浴びていない人間のやるせなさも、彼には理解できました。

実際、赤穂城の受け渡しの際、解雇される者たちへの分配金を、「身分の低いものほど、多めに渡してやるべし」と主張しています。

堀部安兵衛らが、「もう待てません、江戸の連中だけで仕掛けます」と、暴発しそうになった時も、内蔵助は京から江戸まで説得に行き、その突出を止めました。結果的に二年近く討ち入りを待たせたのです。なかなかの、リーダーシップです。

討ち入りを決行した十二月十四日は、上野介が吉良邸で、年忘れの茶会を催す日でした。必ず屋敷にいる日でした。

赤穂浪士たちは、三か所に分かれて集合しました。どこかのチームが見つかっても、別働隊で実行できる配慮をしたようです。

討ち入りの際に、火消しの扮装をしたのには、二つの理由がありました。

一つは、浅野の家臣が着慣れていたからです。まだ〝いろはの火消し〟がいない時期の江戸で、浅野家の大名火消しは優秀で、世に知られていました。

そして、もう一つは夜の市中で徒党を組める数少ない職業も火消しだったからです。怪しまれずに、吉良邸まで進めます。

ただし、ドラマのように颯爽と歩いて行ったわけではありません。多くの行程を船で進みました。決行当日、雪は降っていません。地面は固った雪と冷気で、滑りやすくなっていました。

戦闘に関しても、実に手際よく、三人一組として吉良家の人々に相対しました。赤穂浪士の中で、実際に人を斬ったことがあるのは、堀部安兵衛と不破数右衛門《ふわかずえもん》の二人だけでした。

なのに、浪士側は死者も重傷者も出していません。内蔵助は、チーム力を最大に発揮する手配りをしていました。

まず奇襲し、敵の弓弦も全部切って、使えなくしてから屋内へ押し入りました。三対一に徹して戦います。

大石は非常時に有能な、リーダーでした。

チームの中の不満分子、身分が低く辛い思いをしてきた者、一矢報いたい者の気持ちを汲みあげて、ひとつのプロジェクトを遂行しました。

方向が同じなら、リーダーがうまく手綱を引けるかどうかに成否はかかってきます。それをやり遂げたのが、大石内蔵助です。

大石が官僚的な上司だったら、下級の者の心情を理解するのは無理ですし、四十七人（寺坂吉右衛門《きちえもん》も加えて）はついてこなかったでしょう。

チームを一つにまとめたければ、それぞれのメンバーがどんな立場で、どのような思いで参加しているのかを、理解することが肝要なのです。

叩き上げのチームとエリート集団の差とは？

秀才型が多い組織は、逆境に追い込まれると、案外もろいものです。

歴史を紐解いてみても、天下を取った武家政権が、数世代を経てエリート集団になってしまうと、あっけなく崩壊していきます。

鎌倉幕府、室町幕府がそうでした。

江戸幕府も、長きにわたり平和の時代を保ったのは立派でしたが、結局、最後は危機意識に勝る雄藩の台頭を抑えきれず、政権を返上してしまいました。

しかし、いずれも誕生時には素晴らしいチームだったことは間違いありません。

日本で最初に天下統一を成し遂げた政権は、豊臣秀吉のものです。

鎌倉幕府や室町幕府の時代には、まだ天皇領や寺社仏閣の土地には、武家政権は手を出せませんでした。それ以外の土地の支配権を、手にしただけの状態でした。

一方、秀吉は日本全国のどの土地に対しても、自分の意志で右から左に自由に差配できたのです。

では、なぜ、秀吉はそこまで強大な政権を築くことができたのでしょうか。

彼は村長さんの息子程度の出自でしたが、十代で家出し、辛酸を舐めながら、這い上がった人物です。

家臣は、彼が出世していく過程で、配下になった人間ばかり。

しかも、仲間になった連中の九割は、門地家柄のない人たちです。蜂須賀小六や石田三成や福島正則、加藤清正の先祖が何をしていたのかは、ハッキリしません。

このような政権は、日本史上ありませんでした。

鎌倉幕府や室町幕府は、門地のある、血筋のいい人間が集まっていました。だからこそ、朝廷や寺社などの既存の権威に忖度する必要がありましたし、彼らの所有地に手を出せなかった理由でもありました。

豊臣政権は、既存の支配者層に配慮する必要がありませんでした。実力でのし上がってきた人間にとって、門地家柄に恵まれていて、実力のない人間ほど、御しやすいものはありません。

今風に言うならば、豊臣政権を築いたのは、コネもなく、学歴もないけれど、社会適性能力が極めて高い人たちです。

彼らは、どんな時代でも一番強い。

実力があって、タフで、したたかだからです。

既成概念にとらわれた物の見方をしませんし、考え方も柔軟です。

ゼロから作り上げていくパワーとマインドに満ち溢れており、危機にも動じず、自分の才覚で乗り切る気概を持った連中でした。

秀才型のエリート集団は、記憶力を武器に平時には力を発揮しますが、非常時＝乱世では新しい力に押しつぶされてしまいます。

秀吉が死んだら次は誰か？　叩き上げの嗅覚

豊臣政権の武将・大名の強さを象徴するエピソードを紹介しましょう。

まだ、太閤秀吉が存命の頃、大坂城で大名同士の宴が開かれました。途中、秀吉や大大名の徳川家康、前田利家が退席します。残ったのは荒くれ者ばかり、しかも無礼講です。行儀よくは飲んでいません。

宴たけなわになれば相撲を取りはじめたり、その延長で喧嘩をはじめたり、廊下では庭に向かって立小便をしたり、大の字になって寝ている者もいます。まるで、野伏の酒盛りのようでした。

平時には集団からはみ出してしまう連中を集めたことで、日本史上初めての天下統一は可能となったのです。

豊臣政権は、実力で天下をまとめた初めての政権でした。その代わりと言ってはなんですが、品が悪いわけです。

その宴の席でも、良識のある人間からすれば、眉をひそめるような話題で盛り上がりました。

「もし今、太閤殿下が亡くなったら、次の天下人は誰になるかな」

とんでもない話題です。本来なら大坂城内で語るテーマではありません。でも、彼らはお構いなしです。遠慮もなく、様々な名前が挙がりました。

重鎮である前田利家や、合戦にめっぽう強い蒲生氏郷などに混じって、「徳川内府殿では」という声が、誰かからあがりました。ところが――、

「あるわけないだろう」

即座に、全員から否決されてしまったのです。家康が次に天下を取った歴史を知る、

現代人には奇異に思えるかもしれませんが、秀吉存命時の、家康の評価はまったく違うものでした。

「徳川殿は吝嗇《りんしょく》なり」

つまり、家康はケチだというのです。次の天下を豊臣家以外の誰かが手にするには、付いていく武将たちに、恩賞をたんまりはずまなければ無理だというのです。

その点において、家康はケチだから、支持者は美味しい思いができず、結果として家康は天下人にはなれない、と意見が一致してしまいました。

ところが、その宴会から三年後に関ヶ原の合戦が起きます。

そこでは、「あんなケチについていくものか」と笑っていた大名たちが、全員、家康に味方しているのです。もちろん、ケチのイメージが覆ったわけではありません。

家康は開戦前夜、諸国の大名たちにいわばダイレクトメールを送り、官位をやるとか、どこの領地をやるとか、色々の約束をしていますが、受け手はみんな、半信半疑でした。にもかかわらず、家康に味方しているのです。

福島正則、加藤清正、蜂須賀小六政勝、山内一豊、黒田長政など、豊臣家の創業メンバーにちかい連中が、ほとんどでした。

なぜ、彼らは家康を支持したのでしょうか。彼らは家康の人となり（性格）を、ずっと見つめてきたのです。

家康についていっても、今よりは良くならないかもしれない。だけれども、今よりは悪くはならないだろう。

これが、這い上がってきた人間の嗅覚、感覚なのです。したたかさといっても、いいでしょう。

家康は家を守るためならば、長男（信康）も殺した。極めて家康は公明正大ではないか、秀吉が亡くなり、次の天下人を真剣に探した時、冷静に考えたら、家康こそがふさわしい、と彼らは認めて、気持ちを切り替えたのです。

秀才型の人間が弱いのは、自分に不都合な現実を見ないところにあります。将来、確実にダメになるであろう状況を変えるために、思い切った行動に出られません。

彼らは常に、自分の心の中に境界線を引くからです。

ここまではやります、が、ここから先はできません、と自分で最初に決めてしまいます。ですから、有効な打開策がないまま、深刻な事態になり、身動きがとれなくなってしまうのです。

これは、大企業病の原因でもあります。高学歴で秀才型の人間は、柔軟な行動力と独創性には乏しい。結果的に、組織は硬直化するのです。

そこが、勢いのあるベンチャーとの違いです。

己れの才覚や腕一本を頼みにする人々は、新しいことに常にチャレンジしています。そうしなければ、食べていけないからです。

成長するチームを作るなら、毛並みのいいメンバーばかり集めてはいけませんが、なかなか野武士のような人物を、雇い入れる大企業はありませんね。

まったく境遇の違う勝海舟と坂本龍馬の接点

ところで、チームの中に、気に入らない人間がいたとしたら、どうしますか?

仮に、自分の立場が上だからと、相手を軽んじたりすれば、必ず感情的な摩擦が生まれます。これでは、チームの結束など覚束ないでしょう。

自分が気に入らない相手に対して、どう接するかによって、成功の確率が変わってきます。

昔、銀行関係の評伝の取材をしていた際に、面白い話を聞きました。

「成功する支店長」と「失敗する支店長」の違いはどこにあるのか？

かつて金融業界が華やかりし時代、銀行の支店が各地に次々にできました。

支店のできる前に、営業所をまずは設けます。営業所が軌道に乗れば支店となり、営業所長は支店長となります。

営業所長は、営業所開設にあたり、これまで勤務していた店舗から、任意の部下を一人だけ連れていけたそうです。

誰を連れて行ってもいいため、どんな部下を連れていくかで、その後の出世が決まったといわれていました。

では、どんな部下を選んだ営業所長が成功する支店長になれるのでしょうか。

意外ですが、一番嫌いな部下を連れて行った営業所長だというのです。

頭取、執行役員まで出世するような人は、一番苦手な人、合わない人、嫌いな人を連れていって、成果をあげたというのです。

大概の場合は、リーダーと補佐役が同じ方向を見ていたら、死角が生まれてしまいます。目が届かない部分が、できてしまうからです。また、発想が似ているので、広がりが生まれません。

その点、自分が嫌いな部下は、たいてい自分と考え方や性格の違う人間です。

支店長となり、複数の部下をもって、「全員で進むぞ」と号令をかけても、違う方向に目を向けている人はかならずいます。

それを、大切に思わなければなりません。支店長の言動に批判的であれば、チェック機能にもなります。

お互い緊張関係の中にあるから、相手に気も遣うでしょう。似た者同士だと、馴れ合いになって気くばりがなくなることがよくあります。

だから、一番気に入らない部下を新天地に連れていける器量のある営業所長は、支店長としても成功し、本店に戻っても役員、頭取となれるというわけです。自分が気に入った部下しか選べない人間は、大きな仕事ができません。

日本史においても、まったく同じです。

たとえば、勝海舟と坂本龍馬はお互いを認め合う最高の師弟関係でした。

でも、二人の性格は全然違います。

龍馬は郷士であり、実家は商売をしていて金持ちであり、彼は生活に困ったことがありません。

一方、海舟は幕臣でありながら貧困を経験してきました。オランダ語の辞書『ヅーフ・ハルマ』を二部書き写し、一冊を売って生活の足しにしたほどです。

蘭学と兵学を教える私塾を経営したのも、後進の育成という意味もありましたが、それ以上に生活費を稼ぐためでした。

そんな二人だからこそ、この人は面白い、そういう見方もあるのか、と納得し、気も合ったのでしょう。違うからこそ、相手を理解しようとして、お互いに気くばりをすることができたのです。

この発想は、チームをうまく回すために、絶対に必要です。性格が違うから合わない、のではなく、違うからこそ、努力してわかりあおうとするのです。

有能な部下を引き上げてチーム力を上げた山縣有朋

自分は才能がなくても、力のある部下を引き上げることに長《た》けていれば、強いチームを作ることができます。

本人は二流でも、一流になれるのです。

その点、幕末・明治に活躍した長州藩出身の山縣有朋《やまがたありとも》は、武士以下の身分で、教養に乏しく、あまり才能があるとはいえない人物でした。

にもかかわらず、〝日本陸軍の父〟と呼ばれたのは、彼が自らの派閥を作るのが上手かったからです。山縣は典型的な、お山の大将タイプの人間でした。

自分の意見を良く聞く、イエスマンばかりを集める傾向がありました。

明治政府の中枢を、長州藩が席巻した時期があります。

西南戦争で西郷隆盛が死に、大久保利通も暗殺されました。薩摩藩閥の力が一気に衰え、長州藩出身の勢力が増大したのです。

政治の分野では、初代総理大臣となる伊藤博文が台頭しました。伊藤には上司だった大久保のように、政治と軍事の両方を統べる器量はありませんでした。

そのため陸軍は、山縣に任せました。二人は決して良好な仲ではありませんでしたが、共に低い身分出身、長州閥という共通項がありました。

財務は、井上馨《かおる》に任せました。この三人が長州閥の代表として、明治政府を動かしたのです。

ただし、三人の中で山縣は器量が一番落ちたのは否めません。

そんな彼が、陸軍の中で強大な権力を振るえたのは、派閥を結成し、シンパを増やすことに成功したからです。

そもそも山縣自身は、自分の上司と心中する覚悟もないドライな人間でした。

最初のリーダーである高杉晋作が、「功山寺挙兵」をしたとき、若き日の伊藤博文は駆けつけ、生命懸けでついていきました。

しかし、同じく奇兵隊の山縣は当初、傍観しています。高杉が勝ちつづけ、形勢が見えてから駆けつけました。

そんな山縣が、「権力」の中枢で権勢をふるえたのは、常に人事権を握って、優秀な人間を味方につけるべく引き上げ、自分の周りを固めたからです。

とはいえ、長州出身者にも多くの派閥がありました。上級と下級の藩士同士でも、反目し合っています。彼らの気持ちをひとつにしなければ、力になりません。

その中でどうやって山縣は、自らの派閥を作り上げたのでしょうか。

山縣は、一番勢いのあった松下村塾《しょうかそんじゅく》系の人々に、まずは取り入ったのです。

当時のトップは、松下村塾を主宰していた亡き吉田松陰の友人、桂小五郎（木戸孝允）でした。

山縣は「私も松下村塾出身です」と言い出します。これは拡大解釈もいいところで、彼はおそらく二、三回塾に顔を出して、見学した程度だったでしょう。それでも「門下生として吉田松陰先生を尊敬しています」と、山縣は堂々と主張しています。

彼は一面、面倒見のいい親分でした。派閥のメンバーには、最高の気くばりができたのです。

自身が身分の低い立場から出世したので、下の人間の気持ちはよくわかりました。派閥の結束を固めるために、飲み会や懇親会を頻繁に開催しています。

その席で山縣は、若い連中に対して「困ってることはないか」と積極的に声をかけていました。

奇兵隊時代から、人事権の掌握に長けていた彼は、優秀な人間を見る目が培われていました。

派閥は作り、イエスマンを好みましたが、仕事に関しては情実査定をしません。無能な人間を上にすれば、ライバルである薩摩や土佐の藩閥に負けてしまうからです。

のちに総理大臣や陸軍大将になる桂太郎も、山縣に見出された一人でした。

長州藩の支藩である、徳山藩出身だった児玉源太郎を抜擢したのも彼、山縣です。

しかしのちに陸軍大将となった児玉は、日露戦争の満州軍司令官のポストに、山縣ではなく、薩摩閥の大山巌を選びました。

児玉にとって山縣は、引き立ててくれた恩人ではありますが、山縣のことは、修羅場を共にするトップとは思っていなかったのです。これも山縣の人事に学んだ、と言えなくはありません。

大山と児玉のコンビは、二〇三高地を取り、奉天で勝利し、日露戦争の勝利をものにしました。

一方の山縣はこの時、元帥陸軍大将の地位にあり、元老としての名声を手に入れたのです。

大久保に意見をするときは酒を飲まないと無理だった？

誰とでもつきあえる人間は、成功を収めやすいといえます。

意外に〝維新の三傑〟の一人、大久保利通がその一例です。

大久保は内務卿という明治政府の最高権力者にまで上り詰めました。

そして彼は、薩摩藩以外の出身者の多くからも慕われました。

彼の「多様性を受け入れる気くばり」は、現代においてもチームをまとめるうえで、大いに役に立つでしょう。

彼がそのような人間性を持つにいたる過去を、少し紐解いてみましょう。

大久保が二十一歳の時、薩摩藩島津家では「お由羅騒動」というお家騒動が起きました。その際、彼の父親も巻き込まれて、遠島処分になりました。

この仕置きに〝従った〟ことで、大久保家は周囲から白い目で見られました。どういうことでしょうか。

――当時の、薩摩人の感覚を説明します。

薩摩では、潔い態度が尊ばれました。有罪が確定した時点で、切腹するのが常識。でも、大久保の父は、「オレが死んだら、真実を話せる証人がいなくなる」と遠島処分を受け入れました。

この態度が、武士として潔くない、と判断されたのです。そのため、父不在の大久保家は、村八分にされてしまいます。

それぱかりか、書記の役職に就いていた大久保正助《しょうすけ》（のち利通）は、解雇されてしまいます。彼は理不尽な仕打ちに、どれほどの憤りを感じたでしょうか。

しかし、いくら嘆き、喚叫《かんきょう》(わめき叫ぶ)してみたところで、状況は何も変わりません。やるせない思いを抱えて、大久保は毎日を過ごし、悔しくて眠れない夜がつづきました。でもある日、このままではいけない、と彼は悟ります。自分は今、もし誰かに罵声を浴びせられれば、いきなり刀を抜いて斬りかかってしまうかもしれない。そんな真似をしたら、本当に終わりだ。

心身ともに追い詰められた結果、大久保は腹をくくります。

寝るしかない。眠れないなんて言わずに、しっかり寝て、体を休めなければ、何も解決できない、と心に決しました。そして、大の字になって寝たのです。

自らをとことん追い詰めた結果、大久保はひらき直り、強くなったのです。

大久保と西郷は決断が早くて、重みがありました。どちらも、土壇場に強かった。たとえば、〝明治維新〟を決した鳥羽・伏見の戦いでは、二人ともに生きるか死ぬかの運命の分かれ道に立っていました。

ついに、旧幕府軍と新政府軍の全面対決が始まったのです。ところが、新政府軍＝事実上の薩摩藩兵は、旧幕府軍の三分の一以下しか兵力がありません。

西郷は戦場にいて、その不安と戦い、大久保は京都の朝廷に待機していました。公家は臆病なので、新政府軍が負けるかもしれない、と局面ごとにパニックになります。大政奉還したとはいえ、幕府に楯を突いてしまった以上、幕府が勝てば自分たちの生命が危ないからです。

「これは薩長が勝手にやった、私戦としましょう」

公家たちの空気は、大久保も敏感に察していたでしょう。

でも、彼は落ち着いて「大丈夫です。問題はありません」と煙管《きせる》を吹かして、悠々と昼寝をしていました。

ここでも、腹をくくって寝てしまえ、の精神です。その結果、公家たちも、「大久保があんなに余裕があるなら、勝てるかな」と落ち着いてきました。

修羅場をくぐってきた西郷・大久保には、次善の策があったのです。もし鳥羽・伏見で負ければ、天皇を担いで長州まで逃げればいい。そこで体勢を立て直す。長州をも突破されたら、薩摩に逃げる。さらにダメなら、玉（天皇）をかかえてイギリスに亡命する。そこまで、考えていたのです。

先の先まで考えているから、目の前の展開にジタバタしません。泰然自若としていられたのです。

明治政府には、「大久保の一諾《いちだく》」という言葉がありました。

彼がOKしたら、もう誰にも相談せずにそのまま進めてよく、「それは評議にかけましょう」と大久保が言えば、事実上のOKということ。

「それは評議になりますまい」と言えば、それは却下の意味でした。

〝人斬り半次郎〟と幕末に恐れられた桐野利秋《としあき》（前名・中村半次郎）も、「大久保卿に対して意見を言うときは、酒を引っ掛けないと無理だった」と言っています。

それでも大久保が、「なんじゃっち（もう一度言え）」と顔を前に突きだすと、一度に酔いが醒め、二の句が継げなかったそうです。

山縣有朋と違い、薩摩藩の人間にこだわらない

なぜ、大久保がそれほど怖かったのでしょうか。

生命を懸けた迫力です。

彼には私利私欲がないから、言うことにも〝力〟が入っています。

内務省の入口に立つと、大久保が省内にいるかどうか、すぐにわかったそうです。シーンと水を打ったように静まり返っていれば、大久保がいるということ。聞こえるのは大久保の靴音だけだった、という伝説が残るほどでした。

あるいは、地方官会議（のちの国会に相当）には、次のような逸話があります。

地方官の県令たちは皆、幕末に血刀さげて暴れていた、志士あがりの連中ばかりです。恐れ知らずの彼らでしたが、内務卿（のちの内務大臣に相当）の大久保が議場に入ってきた途端、うつむいて、誰も顔を上げません。議場は静まり返りました。

その後、明治憲法のもと、国会が開かれ、内務大臣の板垣退助が国会に姿を見せると、野次が飛び、収拾がつかなくなったそうです。

内務官僚たちは皆、「大久保閣下のときはこうではなかった」と嘆いたといいます。

そんな大久保が創立した内務省には、とてつもない〝力〟がありました。

日本の歴史上、最高に「権力」が集中した組織です。なにしろ大蔵省、外務省、文部省、陸海軍省以外の権益を、すべて行使できる組織でした。司法権も警察権も持っています。

その最高の機関に、大久保は多くの人材を集めました。

大久保は、前出の山縣有朋とは違い、自分と同じ藩出身者ばかりで、周りを固めるようなことはしませんでした。

彼の下には、政治家として伊藤博文（長州藩）、大隈重信（肥前藩）があり、官僚には前島密《ひそか》（幕臣）、千坂高雅《ちさかたかまさ》（米沢藩）、滝吉弘《よしひろ》（日出藩　滝廉太郎の父）などがいました。

郵政を担当した前島は、一度は薩摩藩士となりながら、それを捨てて幕臣となった経歴の持ち主です。それでも大久保は登用しています。

もちろん、薩摩の人間を使わないのではありません。警察を率いた大警視・川路利《とし》良《よし》などは薩摩藩出身です。優秀な人材は出身藩・身分に関係なく、次々に登用したのです。

信用した相手には、実務は任せてしまう。薩摩流の総帥《そうすい》です。部下にとって、大久保は仕え甲斐のある上司でした。

戦といえば、西郷のイメージが強く、そのため陰に隠れていますが、大久保は戦の指揮を執らせても上手でした。

明治に入ってからの萩の乱、神風連の乱、秋月の乱と、惰弱な政府軍を率いて各個撃破して、順調に不平士族の反乱を鎮圧しました。

ところが、西南戦争は勝手が違いました。薩摩の士族は強い。ましてや、指揮をするのが西郷隆盛や桐野利秋、篠原国幹《くにもと》、村田新八、永山弥一郎、池上四郎、別府晋介など、幕末から戊辰戦争にかけての英雄たちです。

明治になってから徴兵した〝非士族〟の将兵からなる官軍では、とても歯が立ちません。

ここでも大久保は、過去のしがらみやこだわりを捨てています。なんと、会津の士族を大量に雇用し、討伐軍に加えてはどうか、との提案に賛成したのです。

元会津藩士は戊辰戦争で、薩摩藩に対しては恨み骨髄に徹した状態です。そんな連中を「薩摩と戦わせてやる」と集めて、戦場に送り込みました。

ただし、兵士としてではなく、身分は警察官としての登用です。武勇で鳴らした会津藩の武士は、歴戦の強者《つわもの》揃い、士気も盛大です。

最新武器や真剣を手にした彼らが、目の色を変えて薩軍に挑みます。さすがの薩摩将兵も、田原坂を越えられず、ついに敗れてしまいました。こうして西南戦争は、鎮圧されたのです。

自分のルーツである薩摩藩に対して、大久保は怨敵をぶつけました。大久保にとっては、これも最適の人材を選択し、最善の方法で活用したに過ぎないことだったのでしょう。

もし、チーム内で上の立場になった場合、無理してリーダーシップを発揮する必要はありません。

色々な人間の個性を、適材適所に活かせば、大きな仕事ができ、チームワークも自然と生まれます。上司はそのために、メンバーが動きやすい環境を整えればいいのです。

リーダーが見せるべきは、「責任は自分が取る」と腹をくくって取り組む姿勢です。人は才能や性格よりも、自分の仕事が「やりやすい人」についていくものです。

織田信長を感心させた猛将のたった1つの欠点

もしチーム内に、〝虫が好かないメンバー〟がいるのならば、その人物にこそ、気くばりをしてください。

「別に冷たくしてはいないし、あえて仲良くする気はない」

そんな考えは、今すぐ改めたほうがいいと思います。

なぜなら、読者《あなた》が快く思っていない感情は、間違いなく相手にも伝わっているからです。表に出そうと出すまいと、人間の好悪の感情は非常に伝わりやすいものです。

将来、読者が嫌う人物が出世したら、あなたは排除の対象にされるかもしれません。あるいは、あなたが大勝負に出る際にその人物が反対に回るかも。そうならないように、常日頃から力を借りられる関係を築いておくべきです。

戦国武将の柴田勝家は、嫌いな人物への気くばりが足りず、身を滅ぼしました。

勝家は、織田信長の筆頭家老で、きわめて実戦能力の高い指揮官でした。

彼は最初から信長の家臣であったわけではなく、むしろ敵側＝信長の弟である信行

（信勝とも）の家老でした。

若い頃の信長は〝尾張の大うつけ〟と呼ばれるほど、素行が悪く、品行方正な弟の信行を当主に推す家臣も多かったのです。信行付きの家老である勝家も、その一人でした。

その信行は、兄から織田家の当主の座を乗っ取ろうと、下剋上を企みます。

しかし、信長に二度戦いを挑んで、二度とも負けます。

勝家は一度目の敗北で、信長の器量を見抜きました。だから、初戦では全面降伏をしています。剃髪して、詫びを入れたともいわれています。

しかし、その時点では、まだ信行の家老です。信長は美意識の強い武将ですから、簡単に寝返るような裏切り者は好みません。

ところが、信行は信長から謀叛を許されたにも関わらず、懲りずにまた叛逆を企ててしまう。ついに勝家は、信行は自分の主君にはふさわしくない、と見限りました。

二度目の信行の裏切りを、信長に伝えて、正式に、信長の配下となりました。

信長は勝家を筆頭家老に用います。よほどの信頼を、勝家は得たのでしょう。実際、彼は合戦をさせれば強いうえに、真面目で実直、忠誠心も強い。任務に対して常に、生命懸けで当たり、土壇場にもめっぽう強い闘将でした。

〝瓶割り柴田〟の逸話は、まさに〝鬼〟のような勝家の、その人柄を語っています。

近江の南で長光寺城を守っていた勝家を、近江の守護大名である六角承禎《じょうてい》が越前の朝倉義景と組んで、信長を裏切り、大軍で攻めてきました。城を六角軍に包囲されてしまった勝家は、水源を断たれて、城を孤立させられてしまいます。

城内の将兵は、水不足に苦しみました。

ある日、勝家は残った水を瓶に入れて、兵士たちに一すくいずつ飲ませました。そのうえで、水の残った瓶を槍の柄で叩き割りました。

「もう、城内には一滴の水もない。今日、勝つしかない」

将兵を死地に追い込むことで、必死の思い、奮起を促したのです。決死の覚悟で臨んだ勝家軍勢は、多勢の六角軍を散々に打ち破りました。

その話を聞いて感心した織田信長が、感状の宛名に〝瓶割り柴田〟という名を用いたというのです。

秀吉を嫌っていることが相手にも伝わっていた

信長が〝天下布武〟――すなわち、天下統一に動き出してからは、勝家は前線指揮官として、信長の代行をこなします。その勝率は高く、男気があって真面目で、指揮能力も優れていました。

男性に好かれるタイプです。だから、勝家の下には無骨ながら、一騎当千の兵《つわもの》が集まってきます。勇将、猛将が、勝家を「親父殿」と慕ってくれるのです。

〝鬼玄蕃〟といわれた佐久間盛政、前田利家、佐々成政などが、部下として共に戦場を駆け巡りました。勝家だから、死地にもついていく。

現代に置き換えれば、勝家は職人肌の親分でしょうか。営業チームや開発チームをまとめる立場で、優れた力を発揮します。

しかし、経営者として、社員全体のマネジメントや、会社の数字を見なければならなくなると、少々、キャパシティが厳しくなります。

総大将となって、自分で大局観をもって戦略的な決断を下す資質には、欠ける部分があったからです。

勝家はそれらすべてを主君信長に任せっきりで、そもそも自分の分限ではない、と考えていました。

加えて勝家は、自分の経験してきた世界、価値観の中にいない人間を、異物として扱っています。考えの違う人間、異文化の人間を理解できない、理解しようとしないのです。

致命的だったのが、秀吉を拒んでしまったことでしょう。

勝家からは、秀吉は別世界の人間に見えたのです。

もちろん、嫉妬の感情も多分にありました。まったく値打ちがない、と思っている存在を、自分よりも上に評価されると、人は腹を立てます。秀吉なんて槍も使えないし、戦闘力は足軽以下としか見ていません。

そんな人物を、自分と同じ方面軍司令官として、周囲が持ち上げるのですから、勝家にすればはらわたが煮えくり返っていたでしょう。

その感情は当然、秀吉にも伝わっています。だから、逆手に取られたこともありました。

勝家が上杉謙信と戦った北陸戦線において、秀吉の軍勢が助っ人、援軍として回された合戦がそうでした。

自分には自分の持ち場があるのに、それを置いて大嫌いな勝家の許で戦うなんて、秀吉にすれば不満でなりません。

あえて軍議の席上、援軍を得て、いよいよ決戦を挑もうとする勝家の策に、異議を唱えました。

「今、戦うより、もっと引き込んで、兵站を切ってから戦うべきです」

しかも、挑発的に言葉を使います。

「ただ突っ込んでいくのは、無策というものです」

と。普段から虫が好かない勝家は、この一言で冷静さを失いました。

「そこまで従えないというなら、オレらだけでやってやるわ。おまえの力なんぞ借りはせぬ。兵をまとめて帰れ」

ついに、怒鳴ってしまいます。でも秀吉は、勝家の、その「帰れ」のひと言が欲しかったのです。

逆に「筑前（秀吉）、おまえの言うことにも一理ある。だが、今回はオレの策に従って欲しい。力を貸してくれ」と勝家が一歩退いていたら、局面は大いに違っていたでしょう。少なくとも、勝家に分が生じます。

筆頭家老が頭を下げているのだから、今度は秀吉が従う以外に選択肢はなかったでしょう。そういう駆け引きにおいては、勝家はセンスがありませんでした。

秀吉の心中を理解しようとする気くばりが、足りなかったのです。たとえ今はわからなくても、理解したいと願うなら、相手の世界に渡る廊下があるはずです。勝家はそれを作らず、渡らず、そのことが己れの生命取りとなったのです。

仲間に夢を見せることができるかどうか

勝家タイプの自信家は、現代にも数多くみうけられます。

「自分はこれだけやっているんだから、みんなわかるだろう」

オレの背中を見てついて来い、というタイプです。

その自負心は大事です。実際に誰よりも重責を担い、結果も出してきたのですから。

ただし、自負心だけで仕事をしていると、目の前のものしか見えなくなってしまいます。脇の方や遠間が見えなくなり、かすんでしまって、勝家のように、秀吉の心の中を見抜けなくなってしまうのです。


たとえば、勝家はお世辞をいう人間が大嫌いでした。

しかし、視点を変えれば、実直な人間だって、その人なりに一生懸命、勝家に気に入られようと努力しているのは事実でしょう。

でも勝家は、勇猛な武将は可愛がりますが、文弱と思う連中に対しては、決して手を差し伸べようとはしませんでした。

「御託《ごたく》はいいから、黙ってオレについてこい、結果を出せ」で済ませてしまいます。

こういうタイプの人間は、構想力も狭いもの。もし、賤ヶ岳の戦いで勝家が秀吉に勝ったとしても、その先の天下を彼は取れたでしょうか。

おそらく勝家は、信長の三男信孝を当主に据えて、織田家が天下を取ることのみを考えていたかと思われます。それでは目先は見えていても、全体が見えません。家康が台頭してくれば、勝てなかったでしょう。

加えて、周りの武将や兵士にすれば、きらびやかな夢、未来、可能性が勝家では得られません。

一方の政敵秀吉は、いつも門戸を開放しています。来る者従う者には、誰でもウェルカムでした。

そのうえ、「ワシを助けてくれたら、あの領地をやろう。地位も上がるぞ」と具体的にケアしてくれます。夢を見させてくれる。その違いが結局、二人の勝敗を決しました。

自分が嫌いな相手、理解できない相手にも、気くばりを欠かしてはダメです。こちらから歩み寄って、理解しようと努力をする。これが本当の気くばりです。

相手がその歩み寄りを知るだけでも、その先の好意につながるものなのです。

名将の気くばり、軍師の気づかい　その㈣

嫌われ役を買って出た土方歳三、西郷が働きやすい場を作った小松帯刀

日本史における最強のチームのひとつは、新撰組でしょう。

幕末の京都の治安を守るため、獅子奮迅の活躍をしました。

その中心人物に、副長の土方歳三《ひじかたとしぞう》がいます。

彼は〝鬼の副長〟と組の内外で恐れられ、厳しい規律をつくり、破る者は容赦なく処罰しました。

土方は、自ら〝嫌われ役〟を買って出たのです。

リーダーの近藤勇《いさみ》にはどっしりと構えてもらい、細かいことはすべて自分が担いました。

こうした役目を果たす人がいるチームは、強いでしょう。

皆がいい顔をしていたら、集団のまとまりもなくなり、成果も出ない

はずです。

土方は自らの分限を、しっかりと理解していました。

自分はリーダーには向いていない。ならば魅力あるリーダーを支えて、自分の〝得意〟を発揮しよう。前述の柴田勝家もそのように考えれば、また見方が変わります。

逆もいえます。魅力あるリーダーとは——本書でくり返しみてきました、部下が働きやすい環境を整えてくれる上司こそが、最高でしょう。

幕末、西郷隆盛や大久保利通の才能を見抜き、引き上げた薩摩藩の家老・小松帯刀《たてわき》もその一人でした。

小松は決して偉ぶらない人でした。部下の西郷や大久保の長所を見抜くと、二人に対して大変丁寧に接しました。

もともと小松自身は病弱で、自分の非才を自覚していました。そんな身体でも、藩政改革をしたい、との強烈な意志はあったのです。使命感といっていいでしょう。

その意志を行動に移すには、それができる人間を使うしかありません。小松は養生するために湯治場に行き、湯に浸かりながらも、庶民の交わす話を聞いていました。

湯治場には様々な身分の人間が来て、自由に意見を言い合っています。彼らの意見を、藩政に活かそうとしたのです。

ちなみに、神戸海軍操練所が閉鎖され、困っていた土佐脱藩の浪士たちに、薩摩藩の交易を委託して、「亀山社中」を創設したのも、小松でした。

その亀山社中には、陸奥陽之助《むつようのすけ》という、フットワークのいい若者がいました。のちの日清戦争の外務大臣・陸奥宗光です。木戸孝允における伊藤博文と思えば、わかりやすいかもしれません。

その伊藤は、のちに首相となり、最高権力者になりますが、もともとは長州藩の貧農の生まれでした。

彼には学問や武芸など、特に人前で誇れるような才能は何一つありませんでした。

唯一、認められたのが、〝周旋力〟でした。

師となった吉田松陰は、伊藤を評して「周旋の才能がある」と評しています。

〝周旋〟とは、人と人の間をとりもつこと。つまりは、コミュニケーション能力が高かったわけです。

伊藤は誉められているようですが、裏を返せば他にこれといってとりえがない、ということでした。

しかし伊藤はクサらず、その唯一の武器（？）を徹底的に活用して、出世の階段を上って行きます。

こちらに気を遣い、あちらに気を遣い、伊藤は木戸孝允や大久保利通の下で全力で働きました。

上司に気に入ってもらうために、懸命に情報収集に励み、有益な情報を分析し、助言します。上司からしたら、便利で扱いやすい部下だったでしょう。

しかも伊藤は、情報を集めていくうちに、先を読む〝勘〟を身につけ、木戸や大久保に仕えることでリーダーシップを学び、大久保が暗殺されたのちには、自らが内務卿となり、実質的に明示政府のトップに立ったのです。

すでに、リーダーとなる準備ができていたのでしょう。

【著者略歴】

加来耕三（かく・こうぞう）

歴史家・作家。1958年大阪市生まれ。奈良大学文学部史学科卒業後、同大学文学部研究員を経て、現在は大学・企業の講師をつとめながら、独自の史観にもとづく著作活動を行っている。『歴史研究』編集委員。内外情勢調査会講師。中小企業大学校講師。政経懇話会講師。主な著書に『坂本龍馬の正体』『刀の日本史』『1868 明治が始まった年への旅』などのほか、テレビ・ラジオ番組の監修・出演も多数。

日《に》本《ほん》史《し》に学《まな》ぶ一《いち》流《りゅう》の気《き》くばり

2019年 3月 1日 初版発行

発行 **株式会社クロスメディア・パブリッシング**

発行者 小早川幸一郎

〒151-0051 東京都渋谷区千駄ヶ谷 4-20-3 東栄神宮外苑ビル

http://www.cm-publishing.co.jp

■本の内容に関するお問い合わせ先 ……………………… TEL (03)5413-3140 ／ FAX (03)5413-3141

発売 **株式会社インプレス**

〒101-0051 東京都千代田区神田神保町一丁目105番地

■乱丁本・落丁本などのお問い合わせ先 ……………… TEL (03)6837-5016 ／ FAX (03)6837-5023

service@impress.co.jp

（受付時間 10:00 ～ 12:00、13:00 ～ 17:00 土日・祝日を除く）

※古書店で購入されたものについてはお取り替えできません

■書店／販売店のご注文窓口

株式会社インプレス 受注センター ……………………… TEL (048)449-8040 ／ FAX (048)449-8041

株式会社インプレス 出版営業部 ……………………………………………………… TEL (03)6837-4635

カバー・本文デザイン 金澤浩二（cmD）

DTP 鳥越浩太郎

カバー・本文イラスト ホセ・フランキー

構成 佐野裕

印刷 株式会社文昇堂／中央精版印刷株式会社

製本 誠製本株式会社

ISBN 978-4-295-40279-4 C2034